COURS COMPLET D'HISTOIRE
À L'USAGE DES LYCÉES ET DES COLLÈGES

BIOGRAPHIES
D'HOMMES CÉLÈBRES

DES TEMPS ANCIENS ET MODERNES

contenant les matières indiquées par les programmes officiels
du 28 janvier 1890

POUR LA CLASSE PRÉPARATOIRE

PAR

GEORGE DURUY

Professeur agrégé d'histoire à l'École polytechnique
Docteur ès lettres

AVEC GRAVURES

PRIX : 1.00

PARIS

LIBRAIRIE HACHETTE ET Cⁱᵉ

79, BOULEVARD SAINT-GERMAIN, 79

BIOGRAPHIES

D'HOMMES CÉLÈBRES

DES TEMPS ANCIENS ET MODERNES

Coulommiers. — Imp. PAUL BRODARD. — 58-96.

BIOGRAPHIES

D'HOMMES CÉLÈBRES

DES TEMPS ANCIENS ET MODERNES

contenant les matières indiquées par les programmes officiels
du 28 janvier 1890

POUR LA CLASSE PRÉPARATOIRE

PAR

GEORGE DURUY

Professeur agrégé d'histoire à l'École polytechnique

Docteur ès lettres

AVEC GRAVURES

PARIS

LIBRAIRIE HACHETTE ET Cⁱᵉ

79, BOULEVARD SAINT-GERMAIN, 79

1896

BIOGRAPHIES

D'HOMMES CÉLÈBRES

CHAPITRE I.

PHILOSOPHIE ET MORALE.

APERÇU GÉNÉRAL.

La Philosophie et la Morale, de même que la Religion, se proposent de rendre l'homme meilleur; seulement elles se contentent de parler au nom de la sagesse et de la raison, tandis que la Religion, pour donner plus d'autorité à ses enseignements, parle au nom de Dieu même.

Philosophie vient de deux mots grecs qui signifient « amour de la sagesse ». La philosophie s'occupe de la nature de Dieu, de l'origine du monde, des rapports entre le corps et l'âme, etc. La morale fait surtout de l'homme l'objet de son étude. Elle cherche à nous faire aimer la vertu et à nous donner de sages règles de conduite. Elle nous signale aussi nos défauts ou nos ridicules, en nous indiquant le moyen de nous en corriger.

SOCRATE (470-400 av. J.-C.).

Socrate naquit à *Athènes* en *Grèce*, l'an 470 **avant**
Jésus-Christ. Il exerça d'abord la profession de sculpteur
mais l'abandonna bientôt pour se consacrer à l'étude
des sciences. Ses travaux ne l'empêchèrent pas d'accomplir avec courage ses devoirs de citoyen : dans une
guerre que les Athéniens eurent à soutenir contre leurs
ennemis les *Lacédémoniens*, il se distingua par sa
bravoure et fut blessé en combattant au premier rang.
Socrate, en effet, pensait avec raison qu'un homme de
bien ne peut pas se contenter d'être honnête et vertueux, mais qu'il doit tout son sang à sa patrie si celle-
ci vient à être menacée.

Quand la guerre fut terminée, il revint à Athènes et
reprit le cours de ses travaux interrompus. Son plaisir
favori était de se promener dans les rues, sur les places
publiques, de rassembler quelques jeunes gens autour
de lui et de leur faire l'éloge de la vertu, du devoir.
Comme il était très éloquent, on l'écoutait avec respect,
et, dès qu'il sortait de sa maison, un rassemblement se
formait autour de lui. Il disait que la sagesse consiste
à nous rendre un compte exact de nos qualités et de
nos défauts, afin de développer les uns et de combattre les autres : « *Connais-toi toi-même* »; telle était
sa maxime favorite. Apprendre à se connaître lui
paraissait bien plus utile et bien plus raisonnable que
de perdre son temps à discuter sur l'origine du monde.
Il enseignait aussi l'existence de Dieu et l'immortalité
de l'âme. Enfin il poursuivait sans cesse de ses railleries certains personnages nommés à Athènes les
Sophistes, qui faisaient grand étalage de sagesse, mais
qui, au fond, se moquaient de la justice et de la vérité,
car ils apprenaient à leurs disciples l'art funeste d'assu-

rer par la subtilité de leurs raisonnements le triomphe des plus mauvaises causes et de défendre indifféremment le vrai ou le faux.

Socrate rendait donc à ses concitoyens les plus grands services en répandant ainsi dans la foule des idées très sages et très élevées. Mais il avait pour ennemis tous ceux dont il avait dénoncé l'hypocrisie, et en particulier les Sophistes. Ceux-ci l'accusèrent d'être un corrupteur de la jeunesse, et d'enseigner le mépris des dieux reconnus par l'Etat : *Jupiter*, *Mars*, *Vénus*, *Minerve*, etc. Ce reproche était injuste, car Socrate se contentait de proclamer l'existence d'un Être suprême sans détourner pour cela ceux qui l'écoutaient du culte des divinités qu'on adorait alors en Grèce. Mais la dénonciation n'en était pas moins grave, car les Athéniens étaient profondément dévoués à leur vieille religion et regardaient comme un crime abominable la moindre attaque dirigée contre elle.

Socrate fut donc traduit devant les tribunaux de son pays comme coupable d'impiété. Le grand homme ne daigna même pas se défendre. Aux accusations mensongères qu'on portait contre lui, il répondit avec fierté que pour avoir consacré plusieurs années de sa vie à l'éducation de la jeunesse, il devrait être jusqu'à la fin de ses jours nourri aux frais de l'Etat.

Condamné à mort, il fut conduit dans une prison où on lui permit de recevoir ses amis et de s'entretenir avec eux en attendant le moment de l'exécution. L'un d'eux lui proposait de s'enfuir et lui offrait les moyens de passer à l'étranger. Socrate refusa, « *car*, disait-il, *il faut respecter les lois de son pays, même quand on est injustement condamné en leur nom* ». Jusqu'à la dernière heure, son calme, sa sérénité furent un objet d'admiration même pour les gardiens de la prison. Il causait tranquillement de la vie à venir, et exprimait sans amertume ni colère la conviction qu'elle serait meilleure que celle-ci. Ses amis fondaient en larmes : le sage les réconfortait, et, spectacle admirable, prodiguait, lui qui allait mourir, les encouragements et les consolations à ceux qui avaient encore de longues années à vivre. Enfin, le geôlier apporta la *ciguë*, poison qu'on faisait boire à Athènes aux condamnés à mort. Socrate vida la coupe d'un seul trait, sans que son visage exprimât la moindre crainte ; puis, s'étendant sur son lit, il rendit doucement sa belle âme à Dieu.

Les enseignements de ce grand homme ne furent pas perdus. Il eut d'illustres disciples qui répandirent ses doctrines. Les plus fameux sont : *Xénophon*, écrivain de mérite, et *Platon*, célèbre philosophe. Platon eut à son tour pour disciple le fameux *Aristote* qui fut le maître d'*Alexandre le Grand*, roi de *Macédoine* et conquérant de l'Asie. Les œuvres de Platon et d'Aristote sont encore aujourd'hui considérées comme des chefs-d'œuvre, et ont pris rang parmi les plus beaux monuments de la sagesse humaine. L'honneur est grand pour Socrate d'avoir su former de tels élèves.

SÉNÈQUE (3-65 ap. J.-C.).

Sénèque naquit dans les premières années de l'ère chrétienne. Il était d'origine espagnole, mais vint de bonne heure s'établir à *Rome* qui possédait alors un immense empire, comprenant l'*Espagne*, la *Gaule*, l'*Italie*, la *Grèce*, une partie de l'*Asie* et de l'*Afrique*. Sénèque était doué d'une éloquence admirable : il se destinait donc à la carrière d'avocat. Mais l'Empire romain avait pour maître un tyran soupçonneux et jaloux, *Caligula*, qui haïssait les hommes de talent, parce qu'il craignait de trouver en eux des partisans de la liberté et des ennemis du despotisme. Sénèque n'osa pas braver ouvertement ce prince cruel, et se consacra à l'étude de la sagesse. Il adopta les idées d'un célèbre philosophe grec nommé *Zénon*, qui regardait la vertu comme le souverain bien, et enseignait

Mort de Socrate (Tableau de L. David.)

que le sage doit s'élever au-dessus des passions de ce
monde, mépriser également le plaisir et la peine, la
joie et la douleur.

Bientôt, la réputation de Sénèque devint si grande
qu'on lui confia l'éducation d'un jeune prince, *Néron*,
qui donna d'abord les plus belles espérances, mais qui,
dans la suite, devint un monstre de cruauté lorsqu'il
fut devenu empereur. Qu'on juge de la douleur de
Sénèque, quand il vit que son élève, au lieu de profiter
de ses leçons, imitait ou dépassait les excès et les
folies des plus mauvais princes que Rome eut encore
subis! Dans un festin, Néron empoisonnait son frère;
quelque temps après il faisait tuer sa mère; pour se
donner le spectacle d'une ville en flammes, il ordonnait
d'incendier Rome qui fut à moitié détruite; son plaisir
favori était d'assister à des combats où des hommes,
nommés *gladiateurs*, s'entre-tuaient ou bien combattaient contre des lions et des tigres. Sénèque conçut
une telle indignation des crimes commis chaque jour par
ce tyran, dont il n'avait pu corriger la nature perverse,
qu'il prit part, dit-on, à une conspiration formée contre
l'indigne empereur.

Le complot ayant été découvert, les conjurés furent
exécutés et Sénèque reçut de son ancien élève l'ordre
de se tuer. Sa mort fut héroïque : il fit préparer un
bain, s'étendit dans la baignoire, puis s'ouvrit les veines
des deux bras sans plainte ni hésitation. Quelques instants après, la vie s'échappait de son corps avec les flots
de sang qui coulaient de la double blessure.

Sénèque a laissé de nombreux ouvrages qui se
recommandent non seulement par l'éclat du style, mais
aussi par l'élévation des pensées. Il enseigne le mépris
de la mort, qu'il ne regarde pas comme un mal, mais
comme une nécessité qui ne doit point troubler le sage.
Il recommande la simplicité, la sobriété, le dédain des
richesses, ce qui est d'autant plus remarquable qu'il
était lui-même fort riche. Enfin, il exprime dans plusieurs passages de ses ouvrages des sentiments très

généreux sur la fraternité humaine et sur la charité, qu'il recommande comme étant notre premier devoir envers nos semblables. Le mérite est d'autant plus grand pour Sénèque, que la charité était à peu près inconnue de son temps. L'odieuse coutume de l'escla-

Sénèque. (Bronze d'Herculanum.)

vage subsistait encore, et les esclaves étaient considérés par leurs maîtres comme de véritables bêtes de somme. Sénèque a le premier, parmi les écrivains de l'antiquité, déclaré hautement que les hommes sont frères et qu'ils doivent par conséquent se traiter les uns les autres avec douceur.

VOLTAIRE (1694-1778).

Parmi les penseurs dont les idées ont exercé la plus grande influence dans le monde il faut citer *Voltaire*. À ce titre on peut le ranger parmi les philosophes.

Son véritable nom était *Arouet*, mais il l'abandonna de bonne heure pour prendre celui de Voltaire qu'il devait rendre si fameux. Il naquit à Paris en 1694. A vingt et un ans, il fut mis en prison à la *Bastille* comme coupable d'avoir attaqué le gouvernement de Louis XIV dans un ouvrage nommé *Satire*. Or il n'était pas l'auteur de ce livre : victime, dès ses premiers pas dans la vie, d'une odieuse iniquité, Voltaire conserva jusqu'à sa mort un grand amour de la justice, et défendit toujours la cause de l'innocence opprimée. Quelques années plus tard, ayant fait une plaisanterie assez mordante sur M. de Rohan-Chabot, celui-ci se vengea en faisant rosser Voltaire par ses laquais. Voltaire voulut se battre en duel, mais réussit seulement à se faire enfermer pour la seconde fois à la Bastille, en châtiment de l'audace qu'il avait eue de provoquer un seigneur de haut rang. Il se rendit ensuite en Angleterre, y passa trois années, et revint de ce pays plein d'enthousiasme pour la liberté. Depuis lors, il s'adonna tout entier à la littérature et composa un grand nombre d'ouvrages divers : un poème, la *Henriade*, où il célèbre les vertus de Henri IV et surtout la tolérance du grand monarque ; des pièces de théâtre, comme *Brutus, Zaïre, Tancrède* ; des écrits politiques, comme les *Lettres anglaises*, où il fait l'éloge des lois de l'Angleterre et de son gouvernement ; des *Contes*, où il raille finement les travers et les ridicules des hommes ; des ouvrages d'histoire, comme l'*Histoire de Charles XII*, roi de Suède, et le *Siècle de Louis XIV*. Dans plusieurs de ses livres, en particulier dans son *Dictionnaire philosophique*, Voltaire attaqua la religion et le clergé avec une violence

qui ne fut pas toujours exempte d'injustice. Mais on a eu
tort de le représenter comme un homme sans croyances
religieuses : il avait au contraire une foi profonde en
l'existence de Dieu, et dans sa propriété de *Ferney,*

Voltaire. (Statue par Houdon ; Paris, Théâtre-Français.)

près de *Genève,* où il passa les dernières années de sa
vie, le grand écrivain avait élevé un temple en l'honneur
de l'Être suprême. Voltaire exerça sur les hommes de
son temps une influence considérable. Des souverains,
comme le roi de Prusse *Frédéric II* et l'impératrice de
Russie *Catherine II,* s'honoraient de l'avoir pour ami,

de correspondre avec lui, de l'attirer et de le retenir à
leur cour. Le public s'emparait avec avidité de ses moindres
ouvrages, les lisait et se pénétrait des idées qu'ils
renfermaient. Un cardinal n'hésitait pas à appeler Voltaire
« *le plus grand homme du siècle* », malgré la
guerre implacable qu'il avait déclarée à l'Eglise.

Quand, chargé de gloire et d'années, il vint en 1778
à Paris qu'il avait depuis longtemps quitté, l'enthousiasme
fut universel. La foule se pressait dans les rues
où passait son carrosse et poussait des cris de joie et
d'admiration en apercevant l'illustre vieillard. Un soir,
il se rendit au théâtre : toute la salle se leva pour l'acclamer;
on lui mit sur la tête une couronne, et quand
le rideau se leva, on vit sur la scène son buste tout
couvert de fleurs. Il ne put résister à l'émotion de ce
triomphe sans précédent, et mourut quelques jours
après, le 30 mai 1778. Son corps fut transporté en 1791
au Panthéon.

JEAN-JACQUES ROUSSEAU (1712-1778).

Jean-Jacques Rousseau, fils d'un horloger, naquit à
Genève en 1712 et mourut près de Paris en 1778. Il
écrivit plusieurs livres qui comme ceux de Voltaire
exercèrent une grande influence par les idées hardies
qu'ils contenaient. Dans les *Confessions*, Jean-Jacques
raconte avec une franchise brutale sa vie qui ne fut pas
exempte d'erreurs et de faiblesses regrettables; dans
l'*Émile*, il propose un système d'éducation nouveau
pour la jeunesse; enfin, dans le *Contrat social*, il proclame
avec beaucoup de force le principe de la *souveraineté
nationale* : « C'est l'ensemble des citoyens d'un
Etat, c'est le peuple, disait-il, qui seul a le droit de
choisir ses chefs. Un gouvernement n'a pas d'autre autorité
que celle qu'il a reçue du peuple. » Nous trouvons
cela tout simple aujourd'hui. Mais au temps de Rous-

seau, c'était une grande nouveauté, car la royauté était alors, comme on disait, de *droit divin*, c'est-à-dire qu'elle ne croyait tenir sa puissance que de Dieu seul, non pas de la nation. L'introduction en France du *suffrage universel* n'a été que l'application des idées de Rousseau.

Ce grand homme vécut triste et malheureux. Dans les premières années de sa vie il avait dû pour lutter contre la misère se faire laquais et gagner péniblement quelque argent en copiant de la musique. Plus tard, le dévouement des amis qui mirent ses derniers jours à l'abri du besoin en lui offrant une généreuse hospitalité, l'admiration que lui témoignait le public, enthousiaste de ses ouvrages, ne purent rendre son humeur moins sauvage ni moins sombre. Il se croyait entouré d'ennemis et victime de persécutions. A la fin même, il ne voulut plus vivre que dans la solitude, afin d'être plus près de la nature qu'il aimait et dont il a célébré les beautés en un langage admirable. Il mourut misérablement : une maladie noire, une santé ruinée et des chagrins domestiques lui rendirent la vie insupportable. On dit que le poison abrégea ses jours ; suivant une autre tradition, il se serait tué d'un coup de pistolet dans la tête. Son corps fut, en 1794, transporté, comme l'avait été déjà celui de Voltaire, au *Panthéon* qu'un décret de la *Convention nationale* avait affecté à la sépulture des grands hommes. Cet hommage était mérité : car Jean-Jacques a été, aussi bien que Voltaire, et plus encore que lui peut-être, un des précurseurs de la *Révolution*.

CHAPITRE II.

ÉLOQUENCE.

APERÇU GÉNÉRAL.

L'éloquence est un don naturel que l'étude développe et perfectionne. Ce don merveilleux permet à ceux qui l'ont reçu de produire sur les hommes une impression profonde, de faire naître en eux les sentiments les plus divers : la pitié, la crainte, l'indignation, la colère, le repentir, l'enthousiasme. On appelle *orateurs* les hommes qui se sont particulièrement distingués dans tous les temps par leur éloquence. Dans un État libre, où la discussion des affaires publiques est permise à tous les citoyens, les grands orateurs jouent un rôle très important, parce qu'ils finissent presque toujours, à force de talent, par faire prévaloir leurs propres opinions. Mais l'éloquence peut devenir une arme dangereuse quand elle est mise au service d'une cause mauvaise ou injuste; c'est pourquoi il faut qu'elle soit toujours dirigée par la raison et la vertu. L'histoire a conservé, entre autres noms d'orateurs illustres, ceux de trois hommes qui, par le seul ascendant de leur parole, ont exercé sur leurs contemporains une immense influence et qui ont eu le mérite de n'employer cette force redoutable que dans l'intérêt des idées les plus généreuses : l'Athénien *Démosthène*, le Romain *Cicéron*, le Français *Mirabeau*.

DÉMOSTHÈNE (385-322 av. J.-C).

La Grèce nous a déjà fourni les noms de trois
philosophes éminents : c'est elle encore qui offre à
notre admiration le plus illustre orateur de tous les
temps. Singulier privilège obtenu par ce petit pays,
qui n'égale pas en étendue quatre départements français, d'avoir produit tant d'hommes justement célèbres !

Démosthène naquit en 385 av. J.-C. dans un village
voisin d'*Athènes*. Son père était un armurier qui possédait un grand atelier avec de nombreux esclaves,
mais qui de bonne heure le laissa orphelin. Des parents
malhonnêtes profitèrent de sa jeunesse pour le dépouiller d'une partie de son bien, et ne firent pas même
les frais de son éducation. Abandonné de tous, Démosthène ne perdit pas courage et se consacra à l'étude.
Il travaillait avec tant d'ardeur qu'il fit bientôt concevoir à ses maîtres les plus belles espérances. Quand
il eut atteint l'âge de la majorité, il plaida lui-même
pour obtenir la restitution de ses biens, et gagna son
procès. Ce premier succès l'encouragea et lui inspira le
désir de jouer un rôle politique. Les Athéniens avaient
alors un gouvernement républicain. Toutes les affaires
qui intéressaient la cité : guerres, alliances, négociations, se traitaient devant le peuple assemblé sur la
place publique. Chaque citoyen avait le droit de monter
à la tribune et de donner son avis sur les questions les
plus graves. Après avoir entendu les discours prononcés par des inconnus aussi bien que par les personnages les plus influents, le peuple votait et prenait
les résolutions qui lui paraissaient les meilleures. On
comprend que l'art de la parole devait être particulièrement estimé dans un pays où tout devenait prétexte à
discours, et où l'éloquence seule donnait accès aux
charges publiques.

Démosthène fit donc un jour ses débuts devant l'Assemblée. Cette tentative ne fut pas heureuse : à la vue de cette foule immense, qui le regardait avec plus de curiosité que de bienveillance, le jeune homme se troubla et ne put prononcer que quelques paroles incohérentes. Il descendit de la tribune au milieu de ces rires cruels qu'une assistance populaire n'épargne pas au orateurs malheureux.

Heureusement, il avait une énergie indomptable, et cette épreuve, si dure qu'elle eût été, lui servit seulement de stimulant. Il se remit au travail avec plus d'énergie que jamais. Pour s'initier au style des grands écrivains, il étudia l'illustre historien *Thucydide* avec tant de persévérance, qu'il fut, au bout de quelques mois, en état de réciter par cœur les huit livres dont se compose sa belle histoire de la *Guerre du Péloponnèse*[1]. On dit qu'afin de ne pas être troublé par les visites de ses amis ou de ses parents, Démosthène se fit bâtir dans un endroit isolé un cabinet de travail où il s'enfermait pendant des mois entiers. Là il s'exerçait à composer des discours et les prononçait à haute voix, comme s'il avait été sur la place publique.

S'étant aperçu qu'il avait un léger défaut de prononciation, il s'avisa, pour le corriger, de réciter des vers sur le bord de la mer après avoir rempli sa bouche de petits cailloux, afin de forcer sa langue à se délier. Après trois années de ce labeur acharné, il crut pouvoir de nouveau monter à la tribune, et cette fois sa constance fut récompensée par un éclatant succès. Dès ses premiers discours, on reconnut un maître dans l'art de la parole, et l'admiration, les applaudissements enthousiastes des Athéniens, le consolèrent amplement de l'échec qu'il avait essuyé naguère.

Athènes était alors menacée par l'ambition de *Philippe*, roi de la *Macédoine*, État voisin de la Grèce. Ce

---

1. On nomme ainsi la longue lutte que les *Athéniens* soutinrent de 431 à 404 av. J.-C. contre leurs ennemis les *Lacédémoniens*.

prince, plein d'activité, d'énergie et de talent, voulait

Démosthène. (Statue du musée Campana.)

agrandir son royaume et ranger sous sa domination

tous les peuples de la Grèce. Beaucoup de gens à Athènes ne voulaient pas voir le danger : soit qu'en effet ils n'en eussent pas conscience, soit que, gagnés par l'or corrupteur du roi de Macédoine, ils affectassent la confiance afin d'entretenir la sécurité funeste où s'endormaient leurs compatriotes. Démosthène se déclara l'adversaire de tous ces mauvais citoyens et dénonça, dans une série de discours remarquables les secrets desseins de Philippe. Tel fut l'effet produit par cette éloquence irrésistible, que les Athéniens s'enrôlèrent en masse lorsque l'invasion de la Grèce par les troupes du roi de Macédoine prouva la sagesse des patriotiques avertissements que Démosthène n'avait pas cessé de prodiguer. Malgré des prodiges de courage, les défenseurs de l'indépendance de la Grèce furent mis en déroute par les soldats de Philippe, mieux armés et mieux disciplinés. Démosthène ne désespéra pas cependant du salut de sa patrie, et, après la mort de Philippe, provoqua, par le seul ascendant de sa parole, un soulèvement général de la Grèce contre le nouveau roi de Macédoine, Alexandre le Grand. Plus tard enfin, en 323, lorsqu'Alexandre à son tour eût péri après avoir conquis l'Asie, le grand orateur, toujours animé par le plus pur patriotisme, adjura les Grecs de tenter un suprême effort pour secouer le joug macédonien. La lutte qui s'engagea trompa les espérances du parti national : les Athéniens et leurs alliés furent défaits dans une bataille sanglante, et le général de l'armée ennemie fit mettre à prix la tête de Démosthène. Celui-ci se réfugia dans un temple qui fut bientôt cerné par des soldats macédoniens. Le grand homme se croyant perdu demanda seulement qu'on lui permît d'écrire ses dernières volontés, et, mettant à profit le répit qu'on lui accordait, il avala un poison mortel dont il s'était muni. Quelques instants après il expirait sans proférer une plainte, léguant à la postérité, outre le souvenir d'une éloquence incomparable, l'exemple salutaire et fortifiant d'un patriotisme qui ne se démentit jamais.

CICÉRON (107-43 av. J.-C.).

Le nom de *Cicéron* mérite d'être placé auprès de celui de Démosthène, non seulement parce qu'il fut un des plus illustres orateurs de l'antiquité, mais aussi parce qu'il aima passionnément son pays et qu'il eut, comme Démosthène, l'honneur de sacrifier sa vie pour une grande et noble cause.

Cicéron était né l'an 107 avant Jésus-Christ, dans une petite ville d'Italie nommée *Arpinum*, non loin de *Naples*. Il montra dès sa jeunesse un goût très vif pour le travail et étudia surtout avec passion les œuvres des écrivains, des orateurs et des philosophes de la Grèce. Après la conquête de ce petit pays par les Romains, en 146, il arriva que les vainqueurs, encore grossiers et presque barbares, se prirent d'admiration pour le brillant génie de leurs nouveaux sujets. Ils eurent honte de leur ignorance, de leur infériorité dans tous les arts, si ce n'est celui de la guerre, et commencèrent à étudier avec beaucoup d'ardeur les admirables modèles que la Grèce leur offrait. Rome eut donc à son tour des architectes, des sculpteurs, des peintres, des écrivains, comme Athènes en avait eus au temps de sa splendeur, pendant le beau siècle auquel *Périclès* a laissé son nom (IVᵉ siècle avant Jésus-Christ). Ce devint une mode d'envoyer les jeunes Romains compléter leur éducation en Grèce même, sous la direction de maîtres expérimentés, nommés *rhéteurs*, qui enseignaient avec beaucoup d'habileté l'art de la parole. Cet art était en effet aussi indispensable à un Romain du temps de Cicéron, qu'il l'avait été jadis à un Grec du temps de Démosthène, car l'éloquence frayait la voie des honneurs et donnait accès aux charges publiques à Rome comme à Athènes.

Cicéron alla donc se mettre à l'école des maîtres les plus célèbres d'Athènes et de Rhodes, et après avoir suivi leurs leçons pendant plusieurs mois, revint dans sa patrie où il fit avec beaucoup de succès ses débuts en qualité d'avocat. A l'âge de trente-cinq ans, il fut chargé d'un procès très important, qui devait consacrer sa réputation naissante.

La république romaine confiait à des magistrats nommés *préteurs* le soin de gouverner les provinces conquises. Ces personnages, choisis presque toujours dans les rangs de la noblesse, recevaient les pouvoirs les plus étendus, et en profitaient pour opprimer très durement les vaincus. Entre tous, le préteur *Verrès* s'était signalé en *Sicile* par l'impitoyable dureté de son administration. Non content de commettre des actes de cruauté, Verrès s'était enrichi d'une façon scandaleuse aux dépens des malheureux Siciliens. De sa propre autorité il levait des impôts, frappait des amendes, dépouillait des temples de leurs statues, des palais de leurs objets d'art, si bien que la province était soumise à une sorte de brigandage, d'autant plus intolérable qu'il était exercé par celui-là même qui aurait dû prévenir ou châtier tout excès de ce genre.

Dans leur détresse, les Siciliens résolurent d'intenter un procès à Verrès, et ils chargèrent Cicéron de plaider leur cause. Celui-ci accepta et composa plusieurs discours très éloquents, nommés les *Verrines*, dans lesquels il dénonçait et flétrissait avec une généreuse indignation tous les crimes commis par ce préteur qui déshonorait la République. Verrès fut terrassé par cette attaque, et, renonçant à se défendre, prit le chemin de l'exil sans même attendre le jugement qui le condamna à une amende très forte.

Ce procès avait eu dans Rome un immense retentissement. La condamnation du tyran des Siciliens valut à Cicéron une grande popularité, et quand l'heureux avocat se présenta aux suffrages du peuple pour obtenir la charge de *consul*, il fut élu sans difficulté. Chez les Romains, on appelait consuls deux magistrats chargés de veiller à l'exécution des lois. Ils étaient nommés pour un an et, pendant ce temps-là, présidaient l'as-

Cicéron. (Musée de Naples.)

semblée du *Sénat*, commandaient les armées, administraient les finances de la République. Cette haute di-

gnité, la plus importante qu'il y eût chez les Romains, était très recherchée, et Cicéron put concevoir un légitime orgueil de l'avoir obtenue. Du reste, il justifia pleinement la confiance de ses concitoyens.

Pendant qu'il était consul, un homme ambitieux et hardi, *Catilina*, réunit un grand nombre d'intrigants et d'aventuriers dans une vaste conspiration dont le but était de changer la forme du gouvernement. Il s'agissait de renverser le Sénat et la vieille constitution[1] qui avait fait la force et la grandeur de la République romaine. Heureusement, Cicéron veillait et fit preuve de la plus louable énergie pour étouffer la dangereuse révolution qui se préparait dans l'ombre. Il prononça contre le chef des conspirateurs des discours pleins d'une éloquence admirable, les *Catilinaires*, rassura les gens de bien, appela à la défense du Sénat tous les hommes d'ordre et fit étrangler dans sa prison Catilina et plusieurs de ses complices. Le peuple romain reconnaissant décerna au consul le beau titre de *Père de la Patrie*.

Ce fut l'époque la plus heureuse de la vie de Cicéron. Quelque temps après, il eut la douleur d'assister à la ruine de cette constitution républicaine qu'il avait sauvée. Toutefois, ce ne fut pas un ambitieux vulgaire, un scélérat perdu de crimes comme l'était Catilina, qui changea la forme du gouvernement. *Jules César* s'empara de la *dictature*, c'est-à-dire qu'il prit pour lui seul, et de sa propre autorité, le pouvoir exercé naguère par les consuls nommés par le peuple. Mais l'auteur de cette révolution était un grand homme qui sut donner aux Romains, en échange de la liberté qu'il leur avait enlevée, la gloire, la prospérité et la paix. Cicéron lui-même, qui n'était nullement partisan du dictateur, fit dans un discours célèbre le plus magnifique éloge de sa modération et de sa clémence.

1. On appelle constitution l'ensemble des lois qui règlent le gouvernement d'un pays.

Cependant Jules César périt assassiné l'an 44 avant Jésus-Christ. Cicéron, qui se tenait depuis plusieurs années à l'écart et consacrait ses loisirs à la composition de beaux ouvrages de philosophie, voulut profiter de cette mort pour rendre le pouvoir aux consuls et au Sénat. Il prononça contre *Antoine*, lieutenant de César, qui aspirait à la succession du dictateur, des discours d'une extrême violence qu'il nomma les *Philippiques*, en souvenir de ceux que Démosthène avait prononcés autrefois contre le roi de Macédoine Philippe. Tous ses efforts furent impuissants, car le peuple romain avait perdu l'amour de la liberté et s'accommodait fort bien depuis César du gouvernement d'un seul homme, pourvu que ce maître eût, comme le dictateur, l'habileté de laisser subsister en apparence la République. Antoine s'unit à un jeune neveu de César nommé *Octave*, qui, comme lui, cherchait à s'emparer du pouvoir. Les deux alliés prirent l'engagement de se débarrasser de tous leurs ennemis, et Octave, qui peu de temps auparavant appelait Cicéron son maître et son père, eut la lâcheté de ne pas défendre l'illustre orateur dont Antoine réclamait la perte.

Cicéron apprenant que sa tête était mise à prix essaya de s'enfuir. Mais il fut atteint par des soldats envoyés à sa poursuite, et se voyant perdu, ne tenta même pas de disputer sa vie aux meurtriers. Il tendit le cou à leurs poignards et se laissa égorger sans une plainte. Les assassins lui coupèrent la tête et l'apportèrent à Rome afin de recevoir la récompense de leur forfait. On raconte que la femme d'Antoine se fit présenter cette dépouille sanglante, et que pour se venger des *Philippiques*, elle n'eut pas honte de percer d'une aiguille la langue du courageux défenseur de la liberté. La tête de Cicéron fut ensuite clouée sur cette tribune publique, du haut de laquelle le grand orateur avait flétri avec tant d'éloquence la rapacité de Verrès, la scélératesse de Catilina et la coupable ambition d'Antoine.

Un écrivain latin, *Quintilien*, a donné du parfait

orateur cette définition : « *C'est*, dit-il, *l'honnête homme habile dans l'art de bien dire.* » Il semble avoir en écrivant ces mots tracé le portrait de Cicéron, qui n'eut pas seulement un merveilleux talent de parole, mais qui fut un beau caractère, un bon citoyen, ami de la liberté et respectueux serviteur des lois de son pays.

MIRABEAU (1749-1791).

Un historien ancien, parlant de nos ancêtres les *Gaulois*, faisait remarquer il y a dix-huit siècles que cette race avait un goût très vif pour l'éloquence. Nous trouvons en effet dans le cours de notre histoire nationale bien des orateurs fameux : mais aucun d'eux ne peut prétendre à la célébrité qu'atteignit à la fin du siècle dernier l'illustre *Mirabeau.* Son nom, comme celui de Démosthène et de Cicéron, évoque le souvenir d'éclatants triomphes oratoires et d'un génie extraordinaire.

Le comte *Gabriel-Honoré de Mirabeau* appartenait à une vieille et noble famille de Provence. Il naquit en 1749 et donna bientôt les preuves d'une surprenante précocité. Son intelligence vive et lucide, servie par une mémoire prodigieuse, lui permit d'apprendre comme en se jouant l'anglais, l'allemand, l'italien, l'espagnol, les mathématiques, le dessin, la musique. En même temps, il acquérait des connaissances très étendues en histoire et en littérature, sans négliger pour cela les exercices physiques où il devint bientôt de première force.

Cette intelligence si admirablement douée était un objet d'admiration pour les maîtres et les amis du jeune homme. Seul, le père de Mirabeau n'avait pour lui que de l'hostilité. Il se plaisait à humilier son fils en lui reprochant sa laideur, il l'accablait d'injures, de mauvais traitements, et ne se départissait jamais avec lui d'une sévérité où quelques personnes croyaient trouver la preuve d'une secrète jalousie. Cette éducation eut pour résultat d'inspirer à Mirabeau l'horreur de la maison paternelle, et de lui faire chérir d'autant plus l'indépendance qu'il avait été pendant ses jeunes années victime d'une véritable tyrannie domestique.

Afin de se soustraire aux rigueurs paternelles, il entra dans l'armée, devint officier de cavalerie et se prit d'une véritable passion pour les études militaires. En quelques mois, il lut tous les ouvrages anciens ou modernes traitant de l'art de la guerre, et se crut de bonne foi destiné à conquérir un jour la réputation des plus illustres capitaines.

Cependant il n'avait pas moins d'ardeur pour le plaisir et la dissipation que pour le travail. Après avoir dépensé des sommes énormes en fêtes, banquets et divertissements de tout genre, il fut mis en prison pour dettes. Pendant les longs mois de sa réclusion, il se consola de l'inaction, qui pesait à sa fougueuse nature, en appliquant l'activité de son intelligence à des questions très graves qui commençaient alors à passionner tous les esprits en France.

On était alors en 1780. Le roi Louis XVI régnait; c'était un prince animé des meilleures intentions, désireux d'assurer le bonheur de ses sujets, mais incapable malheureusement d'appliquer les grandes réformes que réclamait l'opinion publique. Le peuple en ce temps-là se plaignait avec raison d'être accablé d'impôts très lourds, que ni les nobles ni les prêtres ne payaient. Les paysans et les bourgeois demandaient qu'on améliorât leur condition qui était en effet très misérable, car rien ne les garantissait contre l'insolence ou les violences des seigneurs, c'est-à-dire des gens riches et titrés. Il y avait dans toute la nation un ardent désir de liberté; de grands écrivains comme *Voltaire, Jean-Jacques Rousseau, Montesquieu, Diderot*, avaient rendu populaires, en les consignant dans des livres immortels, ces généreuses idées de réformes. En un mot, la Révolution française approchait.

Dans le silence et la solitude de la prison, Mirabeau se livra à de profondes réflexions. Il se demanda s'il n'était pas temps de réparer les grandes injustices que l'usage consacrait alors, de supprimer par exemple ces odieuses *lettres de cachet* au moyen desquelles quiconque était assez riche pour payer une certaine somme, pouvait se débarrasser d'un ennemi en le faisant jeter sans jugement dans un cachot. Comme il avait été lui-même, dans sa jeunesse, traité d'une façon très brutale, il se sentit pris d'un amour plus vif de la liberté et de la justice. Quand il sortit de prison, la cause de la Révolution comptait un partisan de plus.

Pendant les cinq années qui suivirent, il voyagea en Angleterre et en Allemagne, étudiant avec une ardeur infatigable les usages, les lois, le gouvernement, les finances de ces deux pays. Son instruction déjà très vaste s'enrichit encore d'une foule de connaissances nouvelles et d'observations précieuses.

En 1789, la nécessité d'une grande réforme s'imposait avec une telle évidence à tous les esprits en France, que le roi Louis XVI se décida enfin à ordonner la convocation des *états généraux*. On nommait ainsi avant la Révolution l'assemblée des députés élus par la nation. Ils se divisaient en trois catégories : 1° députés de la *noblesse* ou représentants des nobles; 2° députés du *clergé* ou représentants des prêtres, de l'Église; 3° députés du *tiers état* ou représentants de la bourgeoisie. C'est là ce qu'on nommait les *trois ordres*. Mirabeau appartenait par sa naissance à l'ordre de la noblesse, mais comme ses opinions le rapprochaient plutôt du tiers état qui voulait d'importantes réformes, c'est par la bourgeoisie qu'il se fit élire, et c'est en qualité de représentant du tiers état, qu'il siégea dans l'assemblée.

Les états généraux prirent bientôt le nom d'*Assemblée nationale constituante* afin de bien marquer leur dessein de donner à la France une constitution nouvelle, c'est-à-dire de modifier profondément l'organisation du gouvernement. Dès les premières délibérations, Mirabeau s'éleva au-dessus de tous les orateurs de l'Assemblée. Il avait une éloquence pas-

Mirabeau à la tribune.

sionnée, entraînante, irrésistible. Sa voix puissante remplissait la salle des séances et couvrait le tumulte des discussions. Il était d'une laideur presque monstrueuse, car sa tête énorme avait été ravagée par la petite vérole. Mais quand il parlait du haut de la tribune, on ne songeait plus à la difformité de ses traits; on ne voyait que ses yeux où brillait la flamme du génie, et son visage qui respirait une indomptable énergie semblait alors se transfigurer. Il fut particulièrement sublime, le jour où le roi effrayé de l'audace des réformes proposées par l'Assemblée envoya un de ses chambellans, le marquis de Dreux-Brezé, pour donner aux députés l'ordre de quitter la salle des séances. Mirabeau s'élance alors au devant de l'envoyé royal, et le foudroyant du regard, lui jette la fameuse apostrophe : « *Allez dire à votre maître que nous sommes ici par la volonté du peuple, et qu'on ne nous en arrachera que par la puissance des baïonnettes!* »

Pendant deux ans, de 1789 à 1791, Mirabeau fut l'orateur le plus populaire et le plus influent de l'Assemblée nationale. Animé d'un ardent amour de la liberté, il proposa ou défendit la plupart des mesures qui doivent nous faire bénir la Révolution. Cependant, content d'assurer au pays de sages et libérales réformes, il ne voulait pas d'un bouleversement complet, et chercha à sauver la royauté quand il la vit menacée par ceux qui voulaient pousser la Révolution à ses conséquences extrêmes et établir en France la République. Dans les derniers temps de sa vie, il entra en relations avec Louis XVI, reçut même de ce prince de grosses sommes d'argent pour payer ses dettes, et accepta le rôle difficile de réconcilier la Royauté avec la Révolution. Sa popularité commença alors à décliner; on l'accusa ouvertement de trahir la cause de la liberté. Il n'eut pas de peine à confondre ses calomniateurs et l'amour que le peuple de Paris lui portait se ranima, quand on apprit qu'une maladie dangereuse venait de l'atteindre. Épuisé avant l'âge par l'excès de travail, Mirabeau succomba par une belle matinée d'avril, après avoir fait remplir sa chambre des fleurs nouvelles que le printemps venait de faire éclore. Jusqu'au dernier moment son esprit avait conservé la plus grande lucidité : il vit

Allez, dire à votre maître... ?

venir la mort sans trembler devant elle, et n'exprima qu'une seule crainte, celle de voir la France devenir après lui la proie des dissensions intestines. L'avenir devait malheureusement justifier cette suprême appréhension.

CHAPITRE III.

POÉSIE.

Comme l'éloquence, la *poésie* exerce sur les âmes un merveilleux empire. Les poètes ont même cet avantage que leurs œuvres frappent encore après des siècles écoulés l'imagination des hommes, et provoquent comme au premier jour l'admiration des générations les plus reculées, tandis qu'un grand orateur ne laisse après lui qu'un pâle reflet de sa gloire. Certes, nous sommes encore touchés en lisant les admirables discours de Démosthène, de Cicéron et de Mirabeau, mais combien ne le serions-nous pas davantage si nous les entendions tels qu'ils ont été prononcés du haut de la tribune, avec cette chaleur, cette passion entraînante que communique à l'orateur la vue de cette foule qu'il émeut et qu'il apaise à son gré! Plus heureux, le poète inspiré règne dans tous les temps et sur tous les hommes sans rien perdre de sa puissance :

> Trois mille ans ont passé sur la cendre d'Homère,
> Et depuis trois mille ans Homère respecté
> Est jeune encor de gloire et d'immortalité!

C'est que la poésie a des séductions infinies. Elle nous éblouit par la richesse des images qu'elle emploie, en même temps qu'elle nous charme par son harmonie. Il y a toujours dans de beaux vers une sorte de musique et pour n'y pas être sensible, il faudrait avoir l'oreille bien peu délicate [1].

On dit de la poésie qu'elle est *épique* quand elle s'applique à nous retracer les hauts faits de personnages illustres, de héros, ou bien à nous raconter quelque événement fameux. Dans l'un et dans l'autre cas, la fantaisie du poète se donne carrière : son imagination transforme, agrandit ou embellit les faits. Parmi les plus célèbres poèmes épiques, appelés aussi *épopées*, on remarque : l'*Iliade* et l'*Odyssée* où le poète grec *Homère* raconte le siège de la ville de *Troie* et les aventures du héros *Ulysse* ; — l'*Enéide* où le poète latin *Virgile* marche sur les traces d'Homère et nous retrace l'histoire du Troyen *Enée* échappé à la ruine de sa patrie ; — la *Chanson de Roland*, où un poète français peu connu, qui vivait probablement vers le neuvième siècle de notre ère, célèbre les exploits accomplis par un guerrier d'une force et d'un courage merveilleux, *Roland*, prétendu neveu de l'empereur Charlemagne.

La poésie est dite *philosophique* quand elle cherche à résoudre quelques-uns des grands problèmes qui sollicitent la curiosité des hommes, l'origine du monde par exemple. Le poème du Latin *Lucrèce* sur *la Nature* appartient à cette catégorie.

La poésie *dramatique* met en scène, sur le théâtre, nos vertus ou nos vices : la piété filiale comme dans *Œdipe à Colonne* du Grec *Sophocle* ; le sentiment de l'honneur et le courage comme dans le *Cid* de *Corneille* ; l'amour maternel comme dans l'*Andromaque* de *Racine* ; l'hypocrisie comme dans le *Tartufe* de *Molière*.

La poésie *satirique* tourne nos travers en dérision : tel est le but que se proposent le Latin *Juvénal* et le Français *Boileau* dans leurs mordantes *Satires*, le Grec *Aristophane*, les Latins *Plaute* et *Térence*, et un

---

1. Point n'est besoin d'ajouter que le professeur devra ici donner quelques notions élémentaires à ses élèves sur le mécanisme du vers, la *mesure*, le *rhythme*, la *rime*, etc.

grand nombre d'auteurs modernes dans leurs *Comédies* où ils nous offrent un tableau plaisant des mœurs de leurs contemporains.

Enfin la poésie *religieuse* célèbre la grandeur, la puissance et la bonté de Dieu comme l'ont fait *David* dans les *Psaumes*, et *Mahomet* dans le *Coran*.

————

BIOGRAPHIES.

HOMÈRE (IXe s. av. J.-C.).

On ne sait presque rien sur le grand poète qui a mérité d'être surnommé le Père de la poésie grecque. *Homère* paraît avoir vécu vers l'an 900 avant Jésus-Christ. Plusieurs villes d'*Asie-Mineure* se disputèrent l'honneur de lui avoir donné le jour. On croit qu'il atteignit un âge avancé, et que dans sa vieillesse, étant devenu aveugle, il allait de ville en ville, récitant ses vers sur les places publiques afin d'obtenir quelques aumônes. Ce qui est bien certain, c'est que les deux poèmes de ce grand homme, l'*Iliade* et l'*Odyssée* sont des chefs-d'œuvre. L'admiration qu'ils provoquent depuis des siècles n'est pas encore épuisée, et dans les écoles du monde entier on les fait étudier à la jeunesse studieuse comme des modèles incomparables.

————

ESCHYLE, SOPHOCLE et EURIPIDE

(IVe s. av. J.-C.)

On connaît un peu mieux, heureusement, la vie de trois autres poètes éminents qui vécurent au quatrième siècle avant notre ère, et qui sont restés l'honneur de la Grèce.

L'Athénien *Eschyle* composa le premier pour le théâtre des pièces nommées *tragédies*, dans lesquelles il faisait passer sous les yeux des spectateurs émus les personnages que leurs malheurs, leurs vertus ou leurs crimes avaient rendus célèbres. Ce grand poète était en même temps un bon citoyen. Quand Athènes fut menacée par l'innombrable armée du roi des *Perses, Darius*, Eschyle combattit pour le salut de sa patrie et prit une part glorieuse à la victoire de *Marathon*. Vers la fin de sa vie, il se retira en *Sicile* pour se consoler de l'ingratitude des Athéniens qui, après avoir élevé jusqu'aux nues son génie, commençaient à témoigner une admiration plus grande encore au jeune *Sophocle*. Un oracle ayant prédit à Eschyle qu'il mourrait écrasé, celui-ci avait pris le parti de ne plus dormir qu'en plein champ. Mais il arriva qu'un aigle portant une tortue dans ses serres la laissa tomber sur la tête du vieillard qui eut le crâne brisé. Bien entendu, rien n'est moins vraisemblable que ce récit. Il prouve seulement que les Grecs aimaient à entourer de circonstances merveilleuses la naissance ou la mort de leurs grands hommes. Il montre aussi qu'il n'est pas possible à l'homme de se soustraire aux arrêts de la destinée. Eschyle avait ainsi en vain essayé d'éluder la volonté des dieux, exprimée par l'oracle.

Ce jeune rival dont la gloire naissante importunait le vieil Eschyle, *Sophocle*, écrivit aussi des tragédies et ne se montra pas inférieur à son illustre prédécesseur. Il vécut jusqu'à un âge très avancé, et telle était la force de son génie, qu'à quatre-vingt-cinq ans il produisait encore des chefs-d'œuvre. Un de ses fils osa un jour l'accuser de folie, dans l'espoir criminel que les magistrats athéniens enlèveraient au vieillard l'administration de ses biens. Sophocle, pour toute réponse à l'indigne calomniateur, se contenta de réciter devant les juges un morceau de poésie qu'il venait de composer. Quand on eut entendu ces beaux vers, tout le monde comprit que le poète capable de les écrire était en pleine possession de toutes ses facultés, et le mauvais fils fut honteusement chassé du tribunal.

Euripide, autre grand poète tragique, fut contemporain de Sophocle. Il était fils d'un cabaretier et d'une fruitière. On le destina d'abord à la profession d'*athlète*. Les Grecs avaient une grande estime pour la force physique; ils appelaient athlètes des hommes qui, dans certaines fêtes publiques, luttaient de vigueur ou d'agilité sous les yeux de la foule assemblée. Le vainqueur recevait de grandes récompenses et son nom devenait célèbre dans la Grèce entière. Mais Euripide se sentait peu de vocation pour le métier de lutteur, et aspirait à remporter d'autres triomphes que ceux de la palestre[1]. Il s'adonna donc à l'étude et sentit de bonne heure s'éveiller son génie poétique. Ayant résolu de marcher sur les traces d'Eschyle et de Sophocle, il composa à leur exemple des tragédies qui obtinrent un éclatant succès sur le théâtre d'Athènes, sa patrie. Sa vie néanmoins ne fut pas heureuse; la jalousie se déchaîna contre lui; d'indignes rivaux qu'éclipsait l'éclat de son génie, firent courir le bruit que ses pièces contenaient des attaques contre la religion. Cette calomnie, semblable à celle dont Socrate avait déjà été victime (voir page 3), attira sur le poète des persécutions si intolérables qu'il résolut de quitter sa patrie. Il trouva un refuge à la cour du roi de Macédoine qui, plein d'admiration pour le grand homme, le combla d'honneurs et le traita avec toute la déférence que mérite le génie. Euripide mourut à soixante-dix-huit ans, déchiré, dit-on, par des chiens furieux, ou, suivant un autre récit, massacré par des femmes qui voulaient se venger, sur le poète, des railleries qu'il avait plus d'une fois, dans ses pièces, dirigées contre leur sexe.

La réputation de ces trois illustres poètes est, comme celle d'Homère, universelle. Dans tous les pays du

---

1. On nommait ainsi, chez les anciens, un espace réservé aux exercices des athlètes.

monde, on lit, on étudie, on admire celles de leurs œuvres, malheureusement trop peu nombreuses, que le temps a respectées. Elles ont plus d'une fois servi de modèle à nos plus grands écrivains : *Racine* en particulier faisait ses délices de la lecture d'Euripide, le proclamait son auteur favori, et l'a même imité dans certains passages de ses tragédies.

VIRGILE (70-29 av. J.-C.).

Virgile fut le plus grand des poètes latins et reste l'un des plus illustres poètes de tous les temps. Il naquit à *Mantoue*, en Italie, l'an 70 avant Jésus-Christ, dans une famille d'humbles agriculteurs. Son père lui fit cependant donner une instruction très complète : le jeune homme étudia successivement la littérature, l'histoire, la philosophie, les mathématiques et même la médecine. La lecture assidue des poètes grecs éveilla son génie, et quelques pièces de poésie qu'il composa pendant son adolescence firent concevoir à ses maîtres les plus belles espérances.

Cependant des guerres civiles avaient éclaté en Italie après la mort de César (voir page 21). *Octave*, héritier du puissant dictateur, combattit et vainquit le parti qui voulait rendre le pouvoir au Sénat et rétablir l'ancienne république. Pour récompenser ses soldats il leur donna des terres en Italie, et le père de Virgile se trouva ainsi dépouillé d'un petit champ qu'il possédait. Il recouvra pourtant son bien peu de temps après, sur la recommandation d'un ami d'Octave, et Virgile reconnaissant célébra ce bienfait dans une pièce de vers où il vantait en termes émus et reconnaissants la clémence du prince.

Plus tard, Octave, vainqueur de tous ses ennemis, devint l'empereur *Auguste*, et le premier soin du nouveau maître de l'empire romain fut de rendre à l'Italie la prospérité qu'elle avait perdue au milieu des guerres civiles qui la désolaient depuis plusieurs années. Un grand nombre de villages avaient péri ; les champs étaient abandonnés sans culture, et l'œil du voyageur n'apercevait au loin que des campagnes autrefois fertiles, envahies par les ronces et les épines. Afin de ranimer en Italie le goût de l'agriculture, Auguste demanda à Virgile de composer un poème où il célébrerait les beautés de la campagne, les avantages de la vie agricole et le charme des travaux des champs. Virgile se mit aussitôt à l'œuvre et écrivit ses admirables *Géorgiques*[1], où il parle successivement et toujours avec un charme inimitable, de la culture des champs, des arbres, des bestiaux, des abeilles, etc.

Après avoir achevé ce grand ouvrage qui seul suffirait à sa gloire, le poëte entreprit de raconter les origines du peuple romain et la fondation de cette grande ville de Rome qui était alors la maîtresse du monde. Il s'inspira de vieilles légendes qui ne contenaient sans doute qu'une bien faible part de vérité, mais qui avaient l'avantage de flatter la vanité nationale de ses compatriotes. Dans l'*Énéide*, où plusieurs passages sont imités d'*Homère*, Virgile nous raconte que le héros *Énée* échappa à la ruine de sa patrie, *Troie*, détruite par les Grecs, et qu'après un grand nombre d'aventures merveilleuses, il arriva enfin en Italie avec ses compagnons. Cet Énée et son fils *Ascagne* auraient été, suivant le poëte, les fondateurs de la race d'où sortit plus tard *Romulus* qui bâtit la ville de Rome et donna son nom au peuple dont il était le chef, les Romains.

L'apparition de l'*Énéide* fut accueillie avec des transports d'enthousiasme ; les Romains, fiers de voir consacrer par un chef-d'œuvre immortel la noblesse et l'antiquité de leur origine, saluèrent en Virgile un rival d'Homère. Le grand poëte n'estimait pourtant pas que son œuvre fût achevée ; il voulait la revoir, la compléter à loisir, modifier plusieurs passages dont il n'était pas

-----

1. De deux mots grecs qui signifient travaux des champs.

satisfait. Afin de se soustraire à l'admiration publique et aux hommages qui importunaient sa modestie, il se rendit en Grèce, et c'est au retour de ce voyage qu'il mourut, à cinquante-deux ans seulement, dans toute la force de son génie. Tourmenté par la pensée que son *Énéide*, qu'il jugeait toujours imparfaite, ne pourrait pas affronter le jugement de la postérité, Virgile avait donné l'ordre de détruire son poème. Cet ordre heureusement ne fut pas exécuté, et ce beau poème passe à bon droit pour une des œuvres qui font le plus honneur à l'esprit humain.

DANTE ALIGHIERI (1265-1321).

Dante, naquit comme Virgile, en Italie. Il appartenait à une famille noble de *Florence*. Après la mort de son père qu'il perdit de bonne heure, le jeune homme se consacra à l'étude, et telle était son ardeur au travail, qu'il ne négligea aucune des sciences connues de son temps. L'*astronomie* même, c'est-à-dire l'étude des astres qui se meuvent dans l'espace, éveilla sa curiosité. On croyait, à l'époque de Dante, et ce fut pendant des siècles une opinion universellement admise, que les étoiles exerçaient une influence tantôt bonne tantôt mauvaise sur la destinée des hommes. On trouve un souvenir de cette vieille superstition dans certaines expressions qu'on emploie encore aujourd'hui, comme : *croire à son étoile, être né sous une heureuse étoile.*

A la suite de discordes qui s'étaient élevées à Florence entre deux partis rivaux, Dante fut exilé. Il erra alors de ville en ville pendant plusieurs années, toujours poursuivi par l'image chère et douloureuse de la patrie perdue. Malgré les longueurs et les difficultés d'un si long voyage, il vint à Paris, où il se trouva en proie à la plus profonde misère. Aigri par le malheur, son caractère naturellement mélancolique devint plus sombre. Il passait des journées entières sans prononcer une parole, perdu dans ses réflexions. Les enfants, dit-on, s'écartaient avec terreur de cet homme maigre et pâle, vêtu d'une sorte de longue soutane rouge, et dont les yeux noirs brillaient d'un éclat extraordinaire. Quand

Dante.

il se promenait dans les rues, on disait qu'il sortait de l'enfer et qu'il était en relations avec le diable.

Ce qui avait donné naissance à ce bruit ridicule, c'est qu'on savait vaguement qu'il travaillait à un ouvrage intitulé l'*Enfer*. C'était, en effet, le titre donné par Dante à la première partie d'un long poème nommé la

Divine comédie. Les deux autres parties s'appelaient le *Purgatoire* et le *Paradis.* Nous possédons encore cet ouvrage qui met Dante au nombre des plus grands poètes de tous les temps. On ne peut lire sans admiration les pages où l'auteur nous décrit, soit les supplices des damnés, soit les joies pures des élus. Dans l'enfer, Dante a placé ses ennemis personnels, ceux qui l'ont chassé de Florence, et il leur donne pour compagnons de supplices les traîtres, les parjures, les criminels, les hypocrites, les scélérats de toute espèce. Le purgatoire est réservé aux hommes qui sur la terre n'ont été ni tout à fait criminels, ni tout à fait vertueux. Le paradis enfin appartient à ceux dont la vie a été sans tache. Au commencement de l'ouvrage, le poète suppose qu'il a reçu la permission de visiter ce monde surnaturel et que Virgile lui sert de guide dans ce voyage. Ce choix est un hommage rendu par le grand poète italien du treizième siècle à son illustre devancier [1].

SHAKESPEARE [2] (1564-1616).

On sait peu de choses sur la vie du plus grand poète de l'Angleterre, l'illustre *Shakespeare.* Il était, dit-on, l'aîné de dix enfants, et son père était à la fois marchand de laine et boucher. Le jeune Shakespeare, après avoir suivi pendant quelques années les cours d'une école publique, dut revenir à la maison paternelle pour aider son père : on le vit alors tuer des veaux et des moutons, découper la viande, de cette même main qui devait plus tard écrire des chefs-d'œuvre. A l'âge de dix-huit ans, il se maria ; mais la naissance de trois enfants ne rendit pas sa conduite plus régulière. Il avait

1. Le professeur devra expliquer à ses élèves comment l'idée d'une descente aux enfers est empruntée par Dante à Virgile qui lui-même l'avait reçue d'Homère.
2. Prononcez : *Chekspire.*

pour amis plusieurs mauvais sujets qui l'entraînaient dans leurs parties de plaisir. C'est ainsi qu'il allait parfois pendant la nuit chasser sur les terres d'un riche seigneur, son voisin; arrêté par les gardes comme braconnier, il se vit menacé d'un procès, et, pour éviter la prison et les amendes, s'enfuit à *Londres*. Il y trouva la misère, et fut obligé, pour gagner sa vie, de garder les chevaux des spectateurs à la porte d'un théâtre. C'est alors qu'il commença à composer ses premières pièces. Comme il avait reçu de la nature les plus riches dons de l'intelligence, ses débuts furent heureux, et sa réputation devint bientôt si grande qu'on ne l'appelait plus à Londres que le *poète à la langue de miel*. Ce surnom était un hommage rendu au charme pénétrant de sa poésie. Shakespeare ne se contentait pas de composer des pièces pour le théâtre : il interprétait comme acteur les œuvres qu'il avait écrites, ainsi que devait le faire plus tard notre grand *Molière*, et l'on a conservé le souvenir de l'effet qu'il produisait sur la foule assemblée, quand il montait sur la scène. Ses principaux ouvrages sont des *drames* dont le sujet est emprunté à l'histoire nationale de l'Angleterre. Le poète y fait preuve d'une puissance de création véritablement merveilleuse. Mais il est peut-être supérieur encore dans les pièces où son imagination se donne carrière en toute liberté, et au lieu de se laisser guider par l'histoire, invente à la fois les faits et les personnages. Ce n'est pas en Angleterre seulement, c'est dans le monde entier qu'on lit et qu'on admire *Roméo et Juliette*, *Hamlet*, *le roi Lear*, *Macbeth*, *Othello*. L'auteur de ces chefs-d'œuvre mourut à l'âge de cinquante-deux ans seulement L'admiration que les Anglais professaient pour cet illustre poète grandit au point qu'un siècle plus tard, ils résolurent de lui élever un monument à côté des sépultures de leurs rois. Shakespeare méritait cet hommage, car son génie est pour l'Angleterre une gloire nationale.

CORNEILLE (1606-1684).

Pierre Corneille naquit à Rouen en 1606 et, après avoir fait de bonnes études chez les Jésuites, se fit recevoir avocat. Il n'exerça que peu de temps cette profession pour laquelle il n'avait aucun goût, et prit bientôt la résolution d'écrire des pièces de théâtre. Il débuta par des comédies qui furent bien accueillies du public. Ce succès encouragea Corneille; il vint s'établir à Paris et fut présenté au cardinal de *Richelieu*. Ce grand homme d'Etat avait été élevé par la confiance du roi Louis XIII à la charge de premier ministre. Il aimait fort la littérature, et composait des comédies à ses moments perdus. Corneille fut admis au nombre des écrivains dont le cardinal aimait à s'entourer. Mais le nouveau venu ignorait l'art de la flatterie : il ne dissimula point que les essais littéraires du ministre lui paraissaient médiocres. Richelieu fut irrité de cette franchise et conçut un vif ressentiment contre le poète.

Quelque temps après, en 1636, Corneille fit représenter la tragédie du *Cid* dont le sujet était emprunté à un poète espagnol. Le public témoigna une admiration qui allait jusqu'à l'enthousiasme; en vain, plusieurs auteurs jaloux de ce grand succès et encouragés par Richelieu, dirigèrent contre ce chef-d'œuvre de mesquines et impuissantes critiques. Le nom de Corneille devint célèbre et, d'un bout de la France à l'autre, le proverbe « *beau comme le Cid* » se répandit. Trois autres tragédies, *Horace, Cinna, Polyeucte*, une comédie le *Menteur*, prouvèrent que le génie du poète avait des ressources qu'on ne soupçonnait pas. Jamais on n'avait vu paraître sur la scène française d'aussi beaux ouvrages. La perfection du style, l'élévation des pensées, la noblesse des caractères, tels sont les principaux mérites des pièces de celui qui fut appelé de son vivant même « *le grand Corneille* ». Le roi Louis XIV

voulut montrer qu'il partageait les sentiments de la
France entière à l'égard du grand poète : il lui accorda
une pension annuelle afin de le mettre à l'abri de la

Corneille, d'après Lebrun.

misère. Corneille fut peut-être plus sensible encore à
un hommage de genre tout différent que le public du
théâtre où l'on jouait ses pièces lui rendit certain soir.

Étant entré dans la salle pour assister à une représentation, il fut reconnu par quelques spectateurs. Son nom vole aussitôt de bouche en bouche, le *prince de Condé* et beaucoup de seigneurs qui se trouvaient présents se lèvent pour le saluer, de longs applaudissements éclatent de toutes parts, et les acteurs sont obligés de suspendre pendant plusieurs minutes la représentation pour laisser à l'enthousiasme général le temps de se calmer.

Malheureusement, ce jour de triomphe fut expié cruellement par Corneille. Dans les dernières années de sa longue vie, son génie épuisé ne donna plus que des productions indignes de lui-même. Les ennemis du grand homme profitèrent de ces défaillances que l'âge rendait excusables, pour se déchaîner contre lui avec fureur et lui faire payer la rançon des éclatants succès d'autrefois. On exalta à ses dépens le jeune Racine, nouveau Sophocle qui venait ravir la palme à cet autre Eschyle (voir page 32), et dont la gloire, alors dans tout son éclat, rendait plus sensible le déclin de Corneille. Accablé de douleur, désespéré de l'échec successif de plusieurs pièces, réduit à la misère, privé même de la pension du roi, qui ne lui fut rendue qu'à la sollicitation d'un de ses amis, l'immortel auteur du *Cid* et de *Polyeucte* s'éteignit en maudissant l'ingratitude de ses compatriotes. La postérité lui a rendu justice en inscrivant son nom à côté de ceux des plus nobles poètes de tous les temps. Tant qu'il y aura des hommes pour parler ou comprendre la langue française on ne se lassera pas d'admirer ces modèles d'honneur chevaleresque et de courage, de patriotisme, de grandeur d'âme, de foi religieuse, que le grand Corneille a fait passer sous nos yeux dans le *Cid*, dans *Horace*, dans *Cinna* et dans *Polyeucte*. Une illustre femme du dix-septième siècle, *madame de Sévigné*, qui resta fidèle jusqu'au dernier jour à son admiration pour Corneille qu'elle préférait infiniment à *Racine*, écrivait à sa fille : « *Vive notre vieil ami Corneille! Pardon-*

nons-lui de mauvais vers en faveur des divines et sublimes beautés qui nous transportent : ce sont des traits de maître inimitables. » Nous ne pouvons que souscrire à ce jugement.

LA FONTAINE (1621-1695).

Jean de La Fontaine, né en 1621 à Château-Thierry, mort en 1695, mérite une place à part au milieu des grands écrivains du siècle de Louis XIV. Il sut atteindre à la gloire, en composant au jour le jour, sans prétention aucune, d'adorables petits poèmes, auxquels il donna le nom modeste de *Fables.* On les fait apprendre par cœur aux enfants qui, malheureusement, regardent trop souvent comme une tâche ingrate l'obligation de nouer connaissance avec un de nos plus charmants poètes. S'ils voulaient prendre la peine, quand ils sont devenus grands, de relire leur La Fontaine, ils s'apercevraient que chacune de ces fables est un petit drame admirablement composé, plein de grâce et de vérité. Chaque personnage que l'auteur y introduit, parle le langage qui convient à son caractère : le loup, le chien, le mouton, le cheval, le lion, le singe, ne disent pas un mot qui ne soit conforme aux instincts qu'ils ont reçus de la nature.

Mais, tout en faisant causer les animaux, La Fontaine ne laisse pas échapper une occasion de donner aux hommes des conseils ou des leçons. Il se moque à sa façon de leurs travers. Qu'est-ce que le renard, sinon le courtisan adroit ? Comment ne pas reconnaître dans le corbeau qui laisse tomber son fromage le vaniteux dupé par un flatteur sans scrupule ? La grenouille qui veut se faire aussi grosse que le bœuf n'est-elle point le portrait exact de l'orgueilleux ?

Il ne faut donc pas regarder les *Fables* comme de petites compositions puériles, propres seulement à exercer la mémoire des enfants. Elles sont le fruit d'un art exquis, et quiconque les étudiera avec soin y trou-

vera de nouvelles beautés à chaque nouvelle lecture.
Le bon La Fontaine ne se doutait guère en les compo-

La Fontaine.

sant qu'il pût leur devoir un jour l'immortalité. Il était
distrait au point de ne pas reconnaître son fils, en le
rencontrant dans la rue. Toujours perdu dans ses méditations, il aimait à faire de longues courses dans la

campagne, passant des heures entières à écouter le chant
des oiseaux, ou à étudier les mœurs de quelque animal.
Ce doux rêveur ne prenait aucun souci de ses propres
affaires. Il fallait que ses amis s'occupassent de sub-
venir à ses besoins, car il avait dissipé par négligence
et incurie toute sa petite fortune. Devenu pauvre, il fut
recueilli par une excellente femme, *Mme de la Sablière*,
qui pendant vingt ans le garda sous son toit. Quand il
eut perdu sa bienfaitrice, La Fontaine se trouva fort en
peine de gagner sa vie. Heureusement un de ses amis
lui offrit l'hospitalité, et mit les derniers jours de l'ai-
mable poète à l'abri de la misère.

RACINE (1639-1699).

Racine n'avait que vingt ans, quand une pièce de
vers qu'il avait composée sur le mariage du roi lui valut une pension de cinq cents francs. Encouragé par ce
premier succès, il s'adonna depuis lors à la poésie et
écrivit, comme Corneille, des pièces pour le théâtre.
Ses plus fameuses tragédies sont *Andromaque*, *Bri-
tannicus*, *Phèdre*, dont les sujets sont empruntés à
l'histoire grecque et romaine, *Esther* et *Athalie*, œuvres admirables dont il puisa l'idée dans l'histoire
sainte. Racine n'a peut-être pas autant de puissance que
Corneille; il ne fait pas parler à ses personnages un
langage aussi mâle et aussi fier. Mais sa grâce est inimitable, et nul poète n'a su mieux que lui exprimer les
sentiments doux et affectueux. Outre ses tragédies, il
écrivit une comédie pleine d'esprit, *les Plaideurs*, dans
laquelle il raille finement la manie des gens qui veulent à tout propos faire des procès. Louis XIV lui prodigua d'abord les marques de sa bienveillance, mais
plus tard Racine s'étant permis de faire quelques observations sur la misère du peuple, le roi, mécontent, lui

interdit de paraître en sa présence, et Racine conçut, dit-on, un tel chagrin de cette disgrâce, qu'il en mourut (1699).

Racine, d'après le portrait original de Santerre.

MOLIÈRE (1622-1673).

Ce grand homme dont la gloire est égale, sinon supérieure à celle de Corneille et de Racine, naquit à Paris

en 1622. Son vrai nom est *Jean-Baptiste Poquelin.*
Son père, tapissier du roi, le destinait à la profession
d'avocat. Mais à 23 ans, le jeune homme quitta Paris
avec quelques compagnons et se mit à parcourir les

Molière, d'après un portrait attribué à Mignard. (Musée de Versailles.)

provinces en qualité d'acteur. Il joua d'abord dans des
pièces comiques, composées par des auteurs sans talent.
Mais bientôt, indigné de la platitude de ces farces
grossières, il eut l'idée d'écrire lui-même les comédies
qu'il représenterait ensuite sur la scène. L'accueil bien-

veillant que ses premiers essais trouvèrent auprès du public stimula son génie. Il revint à Paris et fut admis en 1658 à l'honneur de jouer devant la cour. Depuis lors, sa réputation ne cessa de grandir jusqu'à 1673, année de sa mort, et la faveur que Louis XIV lui témoigna ouvertement le protégea contre les attaques de ses ennemis. Molière, en effet, avait déclaré une guerre implacable aux ridicules et aux vices de son temps. Si la protection du roi lui avait fait défaut, il n'aurait pas pu, sans doute, parler si librement. Tous ceux dont il raillait les travers se seraient unis pour étouffer la voix du poète. Que de gens, en effet, devaient se sentir blessés par les traits de sa verve satirique! Les hypocrites et les faux dévots dont la piété menteuse n'est qu'un masque, pouvaient-ils ne pas se reconnaître dans *Tartuffe*, les hommes cupides dans l'*Avare*, les coquettes dans la *Célimène* du *Misanthrope*, les sots qui ne savent pas se contenter de leur condition, dans le *Bourgeois gentilhomme?* Outre ces chefs-d'œuvre, Molière composa encore les *Femmes savantes* et les *Précieuses ridicules*, où il se moque des femmes qui font étalage de science et de bel esprit, ou bien qui affectent de ne pas parler comme tout le monde. Toutes ces comédies sont semées de traits heureux et de remarques profondes. Les ridicules qu'elles dépeignent sont de tous les temps : c'est ce qui fait que les œuvres de Molière paraissent toujours aussi jeunes. Cet homme, qui depuis deux siècles règne en maître sur la scène comique, cet écrivain dont la verve intarissable a soulevé tant de joyeux éclats de rire, eut pourtant une vie triste. Il n'était pas gai et méditait sans cesse. Boileau l'appelait « *le contemplateur* ». L'auteur des Satires n'en professait pas moins pour le génie de Molière une respectueuse admiration. Louis XIV lui demandant un jour quel était le plus grand écrivain de son règne : « *C'est Molière, sire* », répondit-il. La postérité a ratifié ce jugement.

CHAPITRE IV.

ART.

L'*art* se propose d'éveiller en nous le sentiment du beau. Jetez au hasard des briques, des poutres, des moellons : vous n'avez devant vous qu'un monceau informe de matériaux. Donnez-les à un *architecte :* il les assemblera avec science et avec goût, en suivant certaines règles, et vous verrez peu à peu sortir de terre un édifice élégant, gracieux ou imposant, une coquette maison de campagne, une villa, une église ou un théâtre. C'est l'art qui a opéré cette transformation : vos yeux sont maintenant charmés par les heureuses proportions de l'édifice, ils suivent avec plaisir ses lignes harmonieuses. L'architecte a fait œuvre d'art.

Un bloc de marbre non dégrossi n'arrête pas vos regards : vienne le *sculpteur* avec son ciseau, il en tire une statue que vous contemplez longuement. D'où vient l'intérêt que vous portez maintenant à ce marbre, l'émotion qui peut-être vous envahit si la statue est belle? C'est que l'art s'est emparé de ce bloc inerte, l'a rendu vivant en quelque sorte, lui a donné une expression. Le sculpteur qui tire une statue d'un morceau de pierre ou de bois fait œuvre d'art.

Prenez des couleurs et barbouillez-en une toile : ce ne sera qu'un grossier badigeonnage. Mais qu'un peintre de talent vous emprunte le pinceau et la palette et que sur une autre toile il compose un beau tableau ; ce peintre aura fait œuvre d'art.

Vous frappez au hasard sur les touches d'un piano : des sons discordants s'échappent de l'instrument. Un musicien habile prend votre place, exécute un beau morceau qui charme délicieusement votre oreille au lieu de la déchirer; comme l'architecte, le sculpteur et le peintre, ce musicien aura fait œuvre d'art.

L'homme, ayant reçu du Créateur le sentiment et le goût de la Beauté, chercha de bonne heure à satisfaire l'un et l'autre. A une époque où il n'y avait encore parmi nos ancêtres vêtus de peaux de bêtes, ni science, ni civilisation, lorsque les premiers hommes, contemporains d'animaux gigantesques comme le *mammouth*, erraient avec eux dans les forêts profondes, déjà ces sauvages avaient en eux le vague instinct de l'art. On retrouve aujourd'hui quelques-uns des grossiers instruments dont ils se servaient il y a des milliers d'années : parfois ils sont ornés de dessins naïfs faits avec la pointe d'un caillou, ou même d'essais de sculpture.

Le peuple *égyptien* qui florissait sur les bords du *Nil*, trois mille ans avant Jésus-Christ, tenait l'art en très grand honneur, et l'on admire encore aujourd'hui les énormes et indestructibles monuments qu'il éleva, ainsi que les statues gigantesques de rois, de dieux ou de déesses, les *sphynx* que l'on trouve en grand nombre sur cette vieille terre.

L'Egypte avait été le berceau de l'art, mais c'est en *Grèce* qu'il se développa et atteignit une perfection qui n'a jamais été dépassée. A l'époque qu'on appelle le *siècle de Périclès*, du nom de l'illustre homme d'Etat qui gouvernait alors *Athènes* (quatrième siècle avant Jésus-Christ), les artistes grecs exécutèrent des œuvres qu'on a pu imiter dans la suite, sans les égaler jamais. C'est alors qu'on vit paraître le grand *Phidias*, à la fois architecte et sculpteur, qui construisit le plus beau des temples connus, le *Parthénon*, où fut placée sa fameuse statue de la déesse *Minerve*, en or et en ivoire.

Au seizième siècle de notre ère, l'*Italie* fut à son tour

la patrie des arts, et le siècle du grand pape *Léon X*
fut aussi fertile en chefs-d'œuvre que le siècle même
de Périclès. Cette belle époque porte le nom de *Renaissance*, qui lui fut justement donné, car on assista à
une véritable résurrection de l'art. Le Florentin *Michel-
Ange* fut un génie plus vaste peut-être que celui de
Phidias, car il excella à la fois dans la sculpture, dans
la peinture et dans l'architecture. *Raphaël*, *Léonard
de Vinci*, *Titien* composèrent des œuvres admirables
que les artistes d'aujourd'hui étudient avec le même
respect que les plus beaux ouvrages de l'antiquité.

Cent ans plus tard, lorsque la France avait pour roi
ce grand *Louis XIV* qui, comme Périclès et Léon X,
donna son nom à son siècle, c'est notre pays qui l'em-
porta sur tous les autres par le talent de ses artistes.
Les peintres *Poussin*, *Lesueur* et *Mignard*, l'architecte
Perrault qui construisit la belle *Colonnade du Louvre*,
Mansard qui éleva le dôme gracieux des *Invalides*, le
sculpteur *Puget* ne furent pas d'indignes héritiers des
grands hommes de la Renaissance.

De nos jours enfin, l'art possède dans notre patrie
des représentants d'un rare mérite. Les peintres *David*,
Géricault, *Ingres*, *Delacroix* qui vivaient au commencement ou au milieu du siècle ont eu des successeurs dont
les œuvres excitent chaque année, soit dans nos Musées, soit à l'Exposition notre admiration et celle des
étrangers.

BIOGRAPHIES.

BENVENUTO CELLINI (1500-1571).

Benvenuto Cellini fut un des artistes les plus remarquables du temps de la Renaissance. Il naquit à *Florence*, en l'an 1500, et grâce aux Mémoires qu'il a

composés nous connaissons les moindres circonstances de sa vie. Etant encore enfant il vit un jour courir à terre, dans le jardin de sa maison, un petit animal qu'il ramassa aussitôt et qu'il porta triomphalement à son père. C'était une bête venimeuse, un scorpion, qu'il avait pris pour une écrevisse et qui, heureusement ne le piqua point. Les hommes de ce temps étaient fort superstitieux : la famille du jeune Benvenuto considéra cet événement comme un heureux présage. Il en fut de même pour une aventure qui lui arriva peu de temps après. Il crut voir courir dans la cheminée au milieu des tisons enflammés, un autre animal semblable à un lézard et qui paraissait se trouver là dans son élément naturel. Le père de l'enfant déclara que c'était une *salamandre*; puis il expliqua gravement à son fils que bien peu d'hommes avaient eu le bonheur de voir ce merveilleux animal, et qu'une telle apparition était un pronostic certain de hautes destinées. Cellini raconte que son père en terminant ce discours lui donna un grand soufflet, « *afin*, dit-il, *de graver plus profondément dans mon esprit le souvenir de cette aventure étonnante* ».

Quand il eut une quinzaine d'années, il fallut songer à lui choisir un métier. Son père, qui avait la passion de la musique, voulut lui apprendre à jouer de la flûte. Mais le jeune homme qui n'avait aucun goût pour la musique, et qui se sentait au contraire de grandes aptitudes pour le dessin, entra en apprentissage, malgré les larmes et les supplications de ses parents, chez un orfèvre célèbre. On appelait *orfèvres* à cette époque les artistes qui fabriquaient ces beaux vases d'or ou d'argent, ces plats de métal couverts d'ornements et de ciselures, ces gardes d'épée finement travaillées, ces médailles qu'on admire encore dans nos musées[1]. Comme Benvenuto mettait au service d'un goût très sûr et

1. Voir au Louvre, dans la galerie d'Apollon, les objets exposés sous les vitrines.

d'un remarquable talent d'invention la plus grande
dextérité, sa réputation fut bientôt faite. Il vint alors
s'établir à *Rome* qui était le rendez-vous des artistes
italiens, et exécuta pour le compte du pape *Clément VII*
et de plusieurs riches seigneurs des travaux importants
qui lui valurent à la fois gloire et profit.

En 1527, Rome fut assiégée par une armée d'Allemands et d'Espagnols au service de l'empereur *Charles-
Quint* qui voulait punir le pape de s'être allié au roi de
France *François* Ier. Benvenuto Cellini courut aux
remparts et tua d'un coup de son *arquebuse* ou fusil,
le général ennemi, ce fameux *connétable de Bourbon*
qui avait trahi la France sa patrie et pris les armes
contre son roi. Malgré la mort de leur chef, les soldats de
Charles-Quint prirent la ville d'assaut et se répandirent
dans Rome où ils commirent des ravages et des cruautés
sans nom. Cellini eut le temps de se réfugier dans une
forteresse nommée le *Château Saint-Ange*; au lieu de
s'abandonner au désespoir comme le pape et ses cour-
tisans, il prit de sa propre autorité le commandement de
l'artillerie du fort, et se mit à tirer sur les ennemis qu'on
voyait piller les maisons et courir dans les rues voisines à la poursuite des habitants qu'ils massacraient.
Le Château Saint-Ange fut ainsi sauvé, grâce à sa présence d'esprit et à son adresse. Le pape, qui se croyait
déjà perdu, lui sut gré de son sang-froid, et quand il
eut signé la paix avec Charles-Quint, combla le vaillant
artiste de faveurs et de distinctions.

Malheureusement, Benvenuto Cellini avait un caractère violent et emporté; comme tous ses contemporains,
il comptait pour rien la vie humaine. Deux assassinats
qu'il commit en plein jour dans les rues de Rome, l'un
pour venger son frère qui avait été tué dans une rixe,
l'autre pour se débarrasser d'un rival, restèrent impu-
nis. Mais quelque temps après, Cellini fut enfermé
dans un cachot du Château Saint-Ange, parce qu'il était
accusé d'avoir dérobé des pierres précieuses que le pape
lui avait confiées pour en faire un collier. Il essaya de

s'évader, et y parvint en fabriquant une espèce de corde avec les draps de son lit déchirés en longues bandes. Mais en se laissant glisser du haut d'un mur élevé, il tomba, se cassa la jambe, fut repris au bout de quelques heures, et jeté dans un horrible cachot sans air et sans lumière. Il y resta pendant plusieurs mois en proie à d'horribles souffrances : « *Je vivais misérablement, couché sur un matelas pourri. Au bout de trois jours, rien n'avait échappé à l'action de l'humidité. Ma jambe cassée me condamnait à un repos absolu; quand je voulais sortir de mon lit, j'étais obligé de me traîner à quatre pattes avec d'atroces douleurs. Mes ongles étaient devenus d'une telle longueur qu'ils me faisaient vivement souffrir. Je ne pouvais ni me toucher sans me déchirer, ni m'habiller sans qu'ils se recourbassent en me torturant cruellement. Mes dents se gâtèrent au point que les racines sortaient des gencives...* » Telle était pourtant la vigueur de sa constitution qu'il ne succomba point. Mais il s'empressa de quitter Rome dès qu'il eut enfin obtenu d'être remis en liberté.

En 1540, Cellini vint en France où régnait alors un prince ami des arts et protecteur généreux des artistes, François Ier. Le roi fit très bon accueil à l'orfèvre dont on lui avait vanté le talent, et lui accorda un riche traitement avec une magnifique demeure. L'artiste, plein de reconnaissance, commença aussitôt l'exécution des ouvrages que le roi lui avait commandés, et en peu de temps il eut achevé une statue d'argent qui représentait le dieu *Jupiter* brandissant ses foudres. François Ier le combla d'éloges, et l'appela *son ami*, terme qu'il n'employait jamais, même en parlant aux plus grands seigneurs du royaume. Quelque temps après, il vint même le visiter dans son atelier. Afin de jouir de la surprise de l'artiste, le monarque n'avait pas voulu se faire annoncer. Or, au moment où il entrait, Cellini qui rudoyait fort ses serviteurs, donna un vigoureux coup de pied à un jeune apprenti qui venait de faire quelque

maladresse. L'enfant alla rouler dans les jambes de
François Ier : qu'on juge de la confusion de Benvenuto !
Le roi eut le bon esprit de ne pas se fâcher et se con-
tenta de rire des excuses que lui présentait l'artiste.

François Ier visitant l'atelier de Cellini.

Quelques mois après cet incident, Benvenuto Cellini quitta la France pour revenir en Italie. On ne sait
pas bien quels furent les motifs de son départ. Il est
probable qu'il faut l'attribuer à certains démêlés

que l'artiste eut avec la justice française. Un homme qu'il avait maltraité lui intenta un procès : Cellini ne trouva rien de mieux à faire que de le blesser à coups de poignard, en menaçant de le tuer s'il ne retirait pas sa plainte.

De retour dans sa patrie, il s'établit à Florence. C'est là qu'il fit sa statue de *Persée* qui excita une admiration universelle et lui assure une place d'honneur parmi les grands sculpteurs. L'âge ne diminuait pas son ardeur au travail; il ne rendait pas non plus son humeur moins inquiète ni moins agressive. Il nous raconte dans ses Mémoires qu'ayant un jour rencontré dans la rue un de ses rivaux, la tentation de le tuer s'empara de son esprit, et fut si forte qu'il eut grand'peine à ne pas le percer d'un coup de poignard. Enfin il mourut en 1571, laissant la réputation d'un fort méchant homme, mais d'un très grand artiste.

MICHEL-ANGE BUONAROTTI (1474-1564).

Ce grand homme fut le génie le plus universel de la *Renaissance* (voir page 51) et peut-être même de tous les temps, car il cultiva avec une égale supériorité la sculpture, l'architecture, la peinture. Il fut en outre poète et ingénieur; de sorte qu'on reste confondu de la variété de ses talents.

Michel-Ange naquit auprès de *Florence* en 1474. Son père, qui était noble, lui fit donner une instruction solide, mais dès l'âge de 15 ans le jeune homme montra de si étonnantes dispositions pour le dessin, qu'il fallut le placer comme élève auprès d'un peintre célèbre. Celui-ci déclara au bout de quelques mois qu'il n'avait plus rien à lui apprendre.

Le prince qui gouvernait alors Florence, *Laurent de Médicis*, surnommé *le Magnifique*, aimait passionnément les arts et donnait dans son palais l'hospitalité aux plus

grands artistes de l'époque. Il s'attacha Michel-Ange
et le traita avec tant de distinction que celui-ci se vit
bientôt en butte à la jalousie de ses rivaux. L'un d'eux
lui donna même un jour un coup de poing si violent au
milieu du visage, que Michel-Ange en eut le nez écrasé,
et conserva toute sa vie la marque de cette odieuse
brutalité.

Michel-Ange.

Après la mort de son protecteur, le jeune peintre,
devenu célèbre à l'âge où les mieux doués commencent
seulement à se faire remarquer, se mit à étudier la
sculpture. Afin d'arriver à une connaissance plus approfondie du corps humain, il imagina de faire ce que
nul n'avait osé tenter avant lui. Il se fit donner des cadavres de malheureux morts à l'hôpital; on les appor-

tait pendant la nuit dans son atelier, et là Michel-Ange
les disséquait, afin d'apprendre la position des muscles
qui mettent nos membres en mouvement. Il acquit
ainsi toute la science d'un chirurgien expérimenté, ce
qui lui permit de représenter le corps humain avec une
précision et une vérité extraordinaires. Avant lui, au
contraire, les meilleurs artistes faisaient souvent des
fautes de dessin grossières; leurs personnages avaient
ou des jambes trop longues ou des bras trop courts, ou
la poitrine trop étroite. Michel-Ange ne tomba jamais
dans les mêmes erreurs.

Il avait une trentaine d'années à peu près et sa réputation était faite, lorsque le pape *Jules II* le fit venir à
Rome. Ce pontife avait formé le projet de bâtir son
propre tombeau. Il chargea Michel-Ange d'exécuter ce
monument et accepta le plan grandiose que l'artiste lui
proposa. L'édifice devait avoir la forme d'une pyramide;
ses dimensions colossales, le grand nombre de statues
qui devaient l'orner eussent fait de cette sépulture du
grand pape l'un des monuments les plus admirables du
monde entier. Malheureusement Michel-Ange n'eut pas
le temps de l'achever : ce qui nous en reste, c'est-à-dire
le *Moïse* de Rome et les deux *Captifs du Louvre* est
digne d'une éternelle admiration.

Pendant qu'il travaillait à cet ouvrage gigantesque,
Michel-Ange eut besoin de parler au pape, et s'étant
rendu trois fois au palais du Vatican où résidait Jules II,
se vit refuser l'audience qu'il demandait. Comme tous
les hommes supérieurs, l'artiste puisait dans la conscience de son génie la fierté qui convient au mérite.
Indigné d'être traité comme un vulgaire solliciteur, il
revint sans rien dire à son atelier, monta à cheval et
partit pour Florence, laissant inachevés les travaux qu'il
avait commencés. A cette nouvelle, le pape entre dans
une grande colère et fait aussitôt partir à la poursuite
du fugitif un courrier bien monté, qui devra lui porter
l'ordre de revenir au plus vite. Michel-Ange est en effet rejoint par l'envoyé du pape, mais refuse d'obéir et

poursuit sa route. Jules II alla, dit-on, jusqu'à menacer Florence d'une guerre, pour obliger le gouvernement de cette cité à s'entremettre afin de fléchir le ressentiment du sculpteur. Michel-Ange, qui avait d'abord songé à partir pour *Constantinople*, céda enfin pour épargner à sa patrie un conflit avec le saint-siège. Quand il se présenta devant Jules II, celui-ci lui jeta un regard furieux et l'accueillit avec des paroles sévères. Le sculpteur lui répondit avec la respectueuse fermeté qui convenait et à sa propre dignité et au rang du souverain pontife. Un évêque, qui se trouvait présent, s'étant permis de faire quelques observations désobligeantes sur cette attitude qu'il ne jugeait pas assez humble : « *Taisez-vous*, lui dit brusquement Jules II, *vous n'êtes qu'un sot et ne devriez pas vous permettre de traiter de la sorte un si grand homme !* »

Quelques années plus tard, un des successeurs de Jules II chargea Michel-Ange de peindre la voûte d'une chapelle appelée la *Chapelle Sixtine*. Ces peintures, qui excitent encore aujourd'hui l'admiration de tous les visiteurs du Vatican, furent exécutés en vingt mois d'un labeur acharné, d'autant plus fatigant pour l'artiste, qu'il était obligé de travailler sur un échafaudage et couché sur le dos. C'est dans cette même Chapelle Sixtine, qu'il peignit plus tard, sur une immense muraille, le *Jugement Dernier*, œuvre magistrale qui compte plus de cent personnages représentés dans les attitudes les plus diverses, et où apparaît la connaissance approfondie que Michel-Ange avait acquise de la structure du corps humain.

On cite encore parmi les œuvres les plus estimées de cet artiste, les *Tombeaux* de la famille des *Médicis*, à Florence, ornés de statues dont la beauté n'a jamais été dépassée. L'une d'elles représente la *Nuit*, sous les traits d'une femme qui dort mollement étendue. Un poète du temps composa en son honneur quatre vers dont voici le sens :

« Cette femme qui dort en si douce attitude est la

Nuit : elle fut tirée par un Ange d'un bloc de marbre. Mais tout en étant de pierre, elle est vivante : parlez-lui et elle vous répondra. »

Michel-Ange se chargea de la réponse et composa les quatre vers fameux :

« Il m'est doux de dormir et plus doux encore d'être de pierre. Ne pas voir, ne pas sentir est un bonheur pour moi en ce temps d'opprobre et de misère. Gardez-vous donc de m'éveiller : de grâce, parlez bas ! »

L'artiste s'était fait ce jour-là poète, afin d'exprimer dans ces vers pleins de mélancolie toute la douleur qu'il ressentait au spectacle des maux de l'Italie, sa patrie.

Dans les dernières années de sa longue vie, Michel-Ange abandonna la peinture et la statuaire auxquelles il devait tant de beaux triomphes pour l'architecture où il ne se montra pas inférieur à lui-même. C'est lui qui donna les plans de cette admirable coupole de *Saint-Pierre*, le plus vaste dôme qui existe dans le monde entier. La croix dont elle est surmontée repose sur une boule qui, d'en bas, paraît grosse comme un ballon d'enfant : dix personnes peuvent cependant y tenir à l'aise. Bien peu de monuments, si l'on excepte la grande *Pyramide d'Egypte* et la *Flèche de Strasbourg*, atteignent cette énorme hauteur de 132 mètres. On n'en aura qu'une faible idée en songeant que le dôme du Panthéon de Paris ne s'élève qu'à 79 mètres.

L'artiste extraordinaire dont le génie presque surhumain plane encore sur son siècle, mourut à l'âge de 90 ans. On raconte que dans les derniers mois de sa vie, étant devenu presque aveugle, il se faisait conduire dans un Musée et prenait plaisir à promener ses mains tremblantes sur de belles statues pour se consoler, en les touchant, d'être privé du plaisir de les voir. Avant de rendre le dernier soupir, il dit à un de ses amis qui l'interrogeait sur ses volontés suprêmes « *qu'il léguait ses biens à sa famille, son corps à la terre, son âme à Dieu* ». On lui fit de magnifiques funérailles à Florence, où son corps repose aujourd'hui dans une église réservée à la sépulture des plus grands hommes de l'Italie. Les Italiens, qui ont plus que nous le mérite de se montrer soucieux de leurs gloires nationales, s'honorent eux-mêmes en professant un véritable culte pour la mémoire de Michel-Ange. En effet, le nom de ce puissant artiste est comme celui de l'illustre *Dante* (voir page 36) un des plus dignes d'être proposés à l'admiration des hommes. Il y aurait du reste plus d'un trait de ressemblance à signaler dans le mâle et vigoureux génie des deux grands Florentins. Peut-être même l'artiste se sentait-il uni au poète par on ne sait quelle secrète parenté d'esprit, car il avait pour lui une admiration passionnée. Il lisait sans cesse la *Divine Comédie*, et l'on sait que pour exécuter son fameux *Jugement dernier*, il s'inspira des sombres peintures contenues dans l'*Enfer* de Dante.

RAPHAEL SANZIO (1483-1520).

Raphaël fut le contemporain de Michel-Ange. Il vécut comme lui à cette belle époque de la *Renaissance* où l'on vit paraître toute une floraison de talents divers. Né un an avant Michel-Ange, il le précéda de longtemps au tombeau, où il dut se coucher dans toute la force d'un génie arrivé à la maturité. Sa carrière fut courte : mais il sut mettre à profit les trente-sept années de sa vie et produire des chefs-d'œuvre qui assurent à son nom l'immortalité.

Une petite ville des Etats de l'Eglise, *Urbin*, fut la patrie de cet artiste incomparable. Le père de Raphaël qui avait lui-même cultivé sans beaucoup de succès le bel art de la peinture, reconnut de bonne heure que son fils était doué de merveilleuses aptitudes pour le dessin. Il le conduisit donc à *Pérouse*, et obtint d'un peintre célèbre de cette époque, *Pérugin*, qu'il prît le jeune homme pour élève. Raphaël eut bientôt fait d'égaler son maître.

Toutefois, il se contenta d'abord de l'imiter, et plusieurs tableaux qu'il fit alors ressemblent tellement à ceux de Pérugin, qu'on ne saurait dire qui, du maître ou de l'élève, en est l'auteur. Mais ayant fait un voyage à Florence, il vit des dessins de *Michel-Ange* et d'un autre grand artiste du même temps, nommé *Léonard de Vinci*. La vive admiration qu'il conçut lui servit de stimulant: il se sentit la force de surpasser Pérugin, non plus seulement de l'égaler en l'imitant.

En 1508, Raphaël, dont le nom était déjà célèbre, bien qu'il n'eût encore que vingt-cinq ans, fut appelé à Rome par un de ses parents et présenté au pape *Jules II* qui le chargea d'orner de peintures les murs de plusieurs salles au *Vatican*. Le plus bel éloge qu'on puisse faire de ces compositions, c'est qu'elles soutiennent sans désavantage la comparaison avec les fameuses peintures dont *Michel-Ange* couvrait à la même époque la voûte de la *Chapelle Sixtine* (voir page 59).

Après avoir exécuté avec un plein succès cet important ouvrage, Raphaël se vit en possession d'une gloire incontestée. Le pape *Léon X*, successeur de *Jules II*, le comblait de richesses et de distinctions. Une foule d'élèves se pressait autour de lui et l'entourait d'une admiration en quelque sorte religieuse. Les plus grands seigneurs du temps se disputaient l'honneur de le recevoir à leur table. Le roi François Ier lui faisait demander de venir en France où il voulait lui donner la plus somptueuse hospitalité. L'apparition de chacune des œuvres nouvelles du grand artiste était saluée comme une merveille : on célébrait dans le monde entier l'incomparable beauté de ces tableaux où il aimait à représenter la *Sainte Vierge* avec l'*Enfant Jésus* et parfois des *Saints* groupés autour d'eux.

Rien ne lui manquait donc de ce qui donne le bonheur en ce monde. Sa gloire était si bien établie que l'envie n'osait même pas s'attaquer à elle; il avait la richesse, la beauté; son génie, au lieu de s'épuiser à produire, semblait devenir plus puissant à chaque nouvel ouvrage;

non content d'être proclamé le plus parfait des peintres
de son temps, Raphaël avait donné pour la construction
de l'église de *Saint-Pierre* des plans qui révélaient un

Raphaël.

architecte de premier ordre ; de plus, on connaissait de
lui des statues d'une grâce inimitable, comme ce buste
de jeune fille que possède le musée de *Lille*. C'est alors

que la mort le surprit, non pas vieux et infirme comme
Michel-Ange, mais en pleine force, en pleine ardeur de
production.

La nouvelle de sa fin prématurée jeta la consternation
dans Rome, où tout le monde chérissait ce beau jeune
homme gracieux et souriant, qu'on voyait chaque jour
passer dans les rues au milieu d'un brillant cortège
d'artistes, de gentilshommes richement parés. Le pape
lui décerna de splendides funérailles, dont la pompe se
déroula au milieu d'un peuple en deuil.

Depuis lors, la gloire de Raphaël n'a cessé de grandir.
L'étude approfondie de ses œuvres a révélé de nouvelles
qualités : une science extraordinaire du dessin et de la
composition, une grâce divine, un charme doux et pénétrant que nul autre artiste ne posséda comme lui. Il
n'est pas jusqu'à sa fin prématurée qui ne serve sa mémoire ; car la mort entoure d'une sorte d'auréole le
front des grands hommes qu'elle frappe en pleine
jeunesse.

CHAPITRE V.

SCIENCES ET INVENTIONS.

APERÇU GÉNÉRAL.

Science vient d'un mot latin, *scire*, qui veut dire *savoir*, *connaître*.

Les *Sciences* désignent cet ensemble de connaissances précises, rigoureusement contrôlées, qui sont le fruit de l'expérience humaine s'exerçant depuis des siècles et se transmettant de génération en génération, de telle sorte que les vérités acquises ne se perdent plus, mais se confirment et mènent à la découverte d'autres vérités. Avec les *Lettres* et les *Arts*, les Sciences forment tout le domaine de l'esprit humain.

Sur cette terre où le Créateur les avait placés, les premiers hommes ont commencé par vivre au milieu de l'inconnu. Tout leur semblait mystérieux, tout était pour eux objet d'étonnement ou de crainte, le vent qui déracine les chênes, la foudre qui gronde dans le ciel, l'océan qui tour à tour inonde ou découvre ses rivages. D'abord ils peuplèrent de dieux la création : il y eut les divinités des eaux, de l'air, du feu, du soleil, de la lune, etc. Mais il vint un temps où leur esprit ne se contenta plus de ces explications enfantines. Ils essayèrent d'observer, de comparer, d'étudier enfin tous les phénomènes de la nature : telle fut l'origine des sciences.

Leurs progrès furent sans doute bien lents. Cependant nous savons que dès une très haute antiquité l'*as-*

tronomie était en honneur chez les *Chaldéens* et la *médecine* chez les *Egyptiens*. *Aristote*, qui vivait au quatrième siècle avant Jésus-Christ, fut un véritable *savant*, en même temps qu'un philosophe éminent. Il avait recueilli une foule d'observations précieuses sur les plantes et les animaux, et c'est avec raison qu'on le regarde comme le créateur des deux sciences qu'on nomme aujourd'hui *botanique* et *zoologie*.

Après ce grand homme, il semble que le progrès des sciences ait été suspendu pendant plusieurs siècles. Pendant la longue période qu'on nomme le *moyen âge* et qui s'étend à peu près du IV* siècle après Jésus-Christ jusqu'à la seconde moitié du XV*, la superstition règne sans partage. On croit aux démons, aux génies, à l'influence des astres sur la destinée des hommes, à *l'élixir de longue vie* qui supprime la mort, à la *pierre philosophale* qui permet de transformer en or tous les métaux. C'est l'âge des *magiciens*, des *sorciers*, des *nécromants*, des *alchimistes*, des *astrologues*. Les plus grands esprits s'occupent de ces sottises et sont ainsi détournés des recherches sérieuses, des observations fécondes dont la science véritable aurait tiré profit.

Arrive enfin avec le XVI* siècle la Renaissance qui fut une époque de rénovation pour les sciences, aussi bien que pour les lettres et les arts. La médecine s'enrichit de précieuses découvertes grâce à *André Vésale* (1514-1544) qui brave le préjugé populaire en disséquant des cadavres et crée ainsi l'*anatomie*; l'illustre *Copernic* (1473-1543) puis *Galilée* (1564-1642) fondent l'*astronomie* en prouvant que la terre au lieu d'être immobile comme on le croyait, tourne autour du soleil.

Depuis lors, le progrès fut continu. *Kepler* (1571-1630) et *Newton* (1642-1727) complétèrent les belles découvertes de Copernic et de Galilée : le second de ces deux grands hommes mit en pleine lumière la loi mystérieuse qui préside au mouvement des astres dans l'espace, la *gravitation*. *Lavoisier* (1743-1794) fut le créateur de la *chimie*, c'est-à-dire de la science qui étudie la composition des corps, qui montre, par exemple, que l'eau n'est que le produit de la combinai-

André Vésale.

son de deux gaz. Enfin la découverte de la vapeur par *Denis Papin* (1647-1710), celle de l'électricité par *Volta* (1745-1827) produisirent dans les sciences une révolution féconde, et mirent entre les mains de l'homme deux puissants instruments de progrès.

Aujourd'hui, les sciences sont universellement cultivées et honorées. Elles ont arraché à la nature plus d'un secret et amélioré la condition de l'homme sur la terre. A voir se multiplier les découvertes, les inventions bienfaisantes, nous pouvons concevoir pour le présent un légitime orgueil et pour l'avenir de magnifiques espérances. Déjà, l'espace a été supprimé par la vapeur et le temps par l'électricité. Tandis que l'astronomie sonde et mesure les profondeurs du firmament, la *géologie* pénètre jusque dans le passé lointain des vieux âges et raconte l'histoire obscure des premiers-nés de l'humanité. Ainsi de toutes parts l'horizon s'élargit; les antiques erreurs, les superstitions surannées s'évanouissent à la lumière de la vérité. Qui pourrait dire où s'arrêtera le progrès des sciences? Certes, il serait téméraire, insensé même d'affirmer qu'elles résoudront tous les problèmes de ce vaste univers. Mais on a le droit de penser qu'elles reculeront sans cesse les bornes du savoir humain, et ne laisseront à l'ignorance qu'une bien faible partie de l'immense empire qu'elle occupait jadis.

BIOGRAPHIES.

ARCHIMÈDE (287-212 av. J.-C.).

Archimède fut avec Aristote le plus grand savant de l'antiquité. Il naquit en **287** avant Jésus-Christ, à *Syracuse* qui était alors la cité la plus peuplée et la plus florissante de la *Sicile*. Bien qu'il fût parent de *Hiéron*, roi de cette ville, il ne voulut accepter aucune fonction dans l'Etat, et se livra dès son plus jeune âge à l'étude. D'importants travaux sur les mathématiques consacrèrent sa réputation. C'est lui qui, pour la première fois, fit connaître avec précision dans quelles conditions un objet peut flotter sur l'eau : il faut pour cela

Archimède.

qu'il déplace une quantité de liquide dont le poids soit supérieur à son propre poids. C'est là ce qu'on appelle encore aujourd'hui le *principe d'Archimède*. Un caillou tombe au fond de l'eau, tandis qu'un morceau de bois, qui pèse pourtant beaucoup plus, surnage. Archimède au lieu de se borner à constater le fait, chercha et découvrit la cause qui déterminait ce double phénomène. On comprend aisément de quelle utilité devait être pour les constructeurs de navires la découverte de ce principe. Vous savez qu'un morceau de fer ne flotte pas sur l'eau : il n'en est pas moins vrai qu'au moyen de calculs qui tous reposent sur la découverte d'Archimède, nos ingénieurs parviennent à construire des bâtiments tout en fer.

Ce grand savant était en même temps un bon citoyen. Quand Syracuse fut assiégée par les Romains, il appliqua tout son génie à la fabrication de machines de guerre qui pendant trois années tinrent l'ennemi éloigné des murs de la ville. Un historien de l'antiquité, *Plutarque* dans ses *Vies des Hommes illustres*, parle avec admiration des merveilleuses inventions d'Archimède :

« Les Romains ayant donné l'assaut de deux côtés différents, les Syracusains consternés restaient dans le silence. Mais Archimède mit ses machines en jeu : elles firent pleuvoir sur l'infanterie romaine une grêle de traits de toute espèce et des pierres d'une grosseur énorme... Du côté de la mer, il avait placé sur les murailles d'autres machines qui abaissant tout à coup sur les galères ennemies de grosses poutres en forme de crocs, cramponnaient les vaisseaux, les enlevaient en l'air et les précipitaient ensuite dans les flots où ils s'engloutissaient... Le général romain fit avancer sur huit vaisseaux liés ensemble une machine destinée à ébranler les murs de la ville. Elle était encore assez loin des remparts lorsqu'Archimède lança contre elle un rocher du poids de six cents livres, ensuite un second, puis un troisième, qui la frappant avec un sifflement et un fracas horribles, la brisèrent ainsi que les navires qui la portaient. »

On voit que les anciens disposaient d'une véritable artillerie pour l'attaque ou la défense des places, et que bien des siècles avant l'invention de la poudre et des canons, on possédait des machines de guerre d'une puissance redoutable. On prétend même qu'Archimède avait trouvé le moyen d'incendier en pleine mer les vaisseaux des Romains, au moyen de miroirs énormes qui renvoyaient avec beaucoup de force les ardents rayons du soleil de Sicile.

Syracuse finit cependant par succomber. Après un dernier assaut très sanglant, les ennemis pénétrèrent dans la ville. Archimède était alors dans sa maison. Absorbé par ses calculs, il n'entendit même pas le bruit du combat suprême qui se livrait dans les rues. Les gémissements des blessés, les cris des Syracusains qu'on égorgeait ne purent pas le tirer de la méditation profonde où il se plongeait. Enfin un des soldats romains pénétra dans la chambre où le savant avait coutume de travailler, et lui ordonna de le suivre. Archimède n'entendit pas ou ne daigna pas répondre. L'autre, irrité, se jeta sur lui et le perça de coups. On dit que le général romain ayant appris la mort du grand homme témoigna un vif déplaisir et punit sévèrement son meurtrier.

PLINE (23-79 après J.-C.).

Le Sicilien Archimède fut un inventeur en même temps qu'un savant. Le Romain *Pline*, qui vécut au premier siècle de notre ère, ne se distingua point comme son devancier par des découvertes, mais par l'immense étendue de ses connaissances.

Après avoir composé plusieurs ouvrages qui ont malheureusement disparu, Pline entreprit d'écrire une *Histoire Naturelle* dans laquelle il se proposait de passer en revue toutes les sciences connues de son temps. On comprend aisément que ce livre soit d'une grande utilité pour nous, puisqu'il nous fait savoir ce que les Romains pensaient il y a dix-huit siècles sur une foule de problêmes que la science moderne a résolus ou qu'elle étudie encore aujourd'hui.

Pline est plus célèbre encore par sa mort que par le grand ouvrage qu'il nous a laissé. En effet, il perdit la vie dans une catastrophe qui à dix-huit siècles de distance nous paraît encore aussi tragique qu'elle dut le sembler à ceux qui en furent témoins.

Sur les bords du golfe de Naples s'élève un volcan célèbre, le *Vésuve*. On appelle *volcan* une montagne qui laisse échapper par son sommet nommé *cratère* des flammes et de la fumée. Quelquefois le volcan entre en *éruption :* il vomit alors d'énormes masses de cendre, de la lave, c'est-à-dire des matières en fusion, des rochers, des pierres, etc. L'éruption est généralement accompagnée d'un violent tremblement de terre. Tous ces phénomènes effrayants ont pour cause la présence du *feu central* dans l'intérieur du globe.

En l'an 79 de notre ère, nul ne pouvait prévoir qu'une éruption du Vésuve fût prochaine. Il semblait que le volcan se fût éteint. La flamme et la fumée avaient depuis longtemps cessé de le couronner. Aussi de petites villes riches et prospères s'étaient-elles élevées au pied de la montagne dont les flancs étaient couverts de vignes et de riches plantations.

Le 23 août, Pline, à qui l'empereur *Titus* avait donné le commandement d'une flotte romaine, se trouvait dans le voisinage de Naples et, suivant sa coutume, lisait en prenant des notes dans la cabine de son navire, quand un matelot vint lui dire qu'on apercevait à l'horizon un nuage d'une grandeur et d'une forme extraordinaires. Il ressemblait à un pin gigantesque : une colonne de fumée noirâtre sortant du Vésuve figurait le tronc de l'arbre ; à trois ou quatre cents mètres en l'air, elle s'élargissait comme un immense parasol et couvrait tout le pays à plusieurs lieues à la ronde. Ce qui rendait plus effrayant ce phénomène, c'est que des éclairs sillonnaient sans cesse le nuage : aux éclats de la foudre se joignaient des grondements souterrains. La mer bouillonnait, et bien qu'il n'y eût pas un souffle de vent, lançait avec fureur de grosses vagues contre les rochers du rivage,

Pline.

Pline avait cette curiosité qui pousse les savants à se rendre compte par eux-mêmes de tout ce qui leur paraît inexplicable, dans l'espoir d'arracher à la nature quelque nouveau secret. Il monte dans une embarcation légère et se fait conduire à force de rames vers le rivage pour étudier de plus près la cause et les effets du phénomène. On aborde à grand peine, car l'agitation des flots rend le débarquement dangereux. Pline voit fuir de toutes parts un peuple éperdu : ce sont les malheureux habitants des deux villes d'*Herculanum* et de *Pompeï* qui cherchent à échapper, les premiers à un flot de lave incandescente, les seconds, à une pluie de cendres. Ils courent effarés au milieu de ténèbres plus épaisses que celles de la plus sombre nuit, s'appelant les uns les autres, et emportant précipitamment leurs objets les plus précieux. Au milieu de la consternation générale qui augmente d'instant en instant, Pline reste calme, observe tout avec plus de curiosité que d'étonnement, et à la lueur des torches et des éclairs dicte des notes à son secrétaire qui l'avait accompagné. A un certain moment il se sentit fatigué et entra avec sa suite dans une maison où il se livra pendant quelques minutes au sommeil. Mais on fut bientôt obligé de le réveiller, car les murs chancelaient sous l'effort d'un tremblement de terre qui ajoutait ses horreurs à celles de l'éruption. Il sortit, gagna un endroit découvert, et pour observer plus à son aise s'allongea sur le sol. Quelques instants après, un de ses serviteurs le voyant immobile lui parla. Pline ne répondit pas ; on le toucha : son corps resta inerte. Il était mort ; soit étouffé par les cendres, soit, plutôt, asphyxié par les exhalaisons mortelles qui se dégageaient du sol. Ceux qui l'avaient accompagné s'enfuirent précipitamment, et c'est l'un d'eux qui raconta au neveu du savant le détail de cette mort. Elle met Pline au rang des martyrs de la science, que notre siècle honore à l'égal des héros tombés sur le champ de bataille. Car la science est, elle aussi, un combat : combat contre l'ignorance, les préjugés, les idées fausses. Ceux qui succombent dans la lutte ont droit à notre reconnaissance.

ROGER BACON (1214-1294).

Le nom de *Bacon* fut porté avec honneur par deux illustres Anglais qui ne furent ni parents, ni contemporains. *Roger Bacon* vivait au XIII° siècle et fut regardé comme le plus grand savant de son temps. *François Bacon* mourut dans les premières années du XVII° siècle avec la réputation justifiée de profond philosophe. C'est du premier de ces deux personnages que nous nous occuperons, après avoir parlé de deux illustres représentants de la science antique, Archimède et Pline. En effet, il n'est pas sans intérêt d'apprendre quelle était au moyen âge la condition du savant.

Roger Bacon, surnommé le *Docteur Admirable*, naquit en 1214 dans une petite ville d'Angleterre et suivit successivement les cours de deux *Universités* célèbres, celle d'*Oxford*, dans son pays, puis celle de Paris. En 1240, il revint se fixer en Angleterre après un séjour de quelques années en France, et entra dans l'ordre monastique des *Franciscains*, moins, à ce qu'il semble, par vocation religieuse, qu'afin de pouvoir se livrer à sa passion pour l'étude, dans le silence du monastère, loin des bruits et des agitations du monde.

Il appliqua principalement l'activité de son esprit à la *physique*, science qui recherche ou étudie les lois de la nature, et à la *chimie* qui détermine la composition des corps [1]. Ses travaux persévérants le conduisirent à d'ingénieuses découvertes. Il eut le premier l'idée de construire un appareil qui, au moyen de verres, disposés d'une certaine façon, grossirait les objets et les ferait paraître moins éloignés. Cette idée fut reprise plus tard et on en tira l'invention des *télescopes*. Roger Bacon fit aussi des observations très intéressantes et très nouvelles sur l'arc-en-ciel, dont l'apparition dans

1. Voir ce qui a été dit à ce sujet, page 67.

le ciel après certaines pluies avait donné lieu aux explications les plus fausses. Enfin, on a cru longtemps qu'il fut l'inventeur de la poudre à canon. Il est plus probable qu'il se contenta d'indiquer le secret de sa fabrication d'après les *Chinois* qui bien avant l'Europe en connaissaient l'usage.

Malheureusement, il n'était pas facile au XIII° siècle de se livrer à l'étude des sciences, sans encourir le reproche d'être *sorcier* ou *magicien*, c'est-à-dire d'avoir des relations avec le diable. Or, c'était un crime qu'on punissait sévèrement, à ce point que pendant plusieurs siècles, il ne se passa pas d'année sans que plusieurs centaines de malheureux fussent condamnés pour ce fait au bûcher. On verra plus loin que notre sainte, notre admirable *Jeanne d'Arc*, fut une des victimes de cette cruelle superstition.

Bacon fut donc dénoncé par quelques moines de son ordre, esprits étroits et jaloux, qui ne pouvaient lui pardonner son génie. On l'accusa de se livrer en secret à des pratiques de sorcellerie. Le pape commença par lui défendre de professer à l'Université d'Oxford, où il faisait, avec beaucoup d'éclat, des cours suivis par un grand nombre d'auditeurs. Mais la haine de ses ennemis n'était pas encore satisfaite. Ils renouvelèrent leurs accusations perfides, et cette fois Bacon fut jeté dans une prison où il ne pouvait communiquer avec personne. Il en sortit quelques mois plus tard, grâce à l'intervention de zélés protecteurs, qui ne purent cependant pas l'empêcher d'être condamné de nouveau, pour avoir avancé dans un de ses livres des opinions où l'on crut voir une attaque contre les vérités reconnues par l'Eglise. Cette fois, ses persécuteurs réussirent à le tenir dans les fers pendant dix ans. Quand on le rendit enfin à la liberté, son corps était miné par les privations et la souffrance, plus encore que par l'âge. Il mourut peu de temps après.

———————

LAVOISIER (1743-1794).

Le XVIIIe siècle qui vit briller dans les *Lettres* tant de beaux génies, tels que *Voltaire, Rousseau, Diderot*, fut aussi marqué par d'importants progrès dans les sciences.

Parmi les noms les plus illustres de cette époque, il faut citer celui de *Lavoisier* qui fut un grand savant, un homme de bien, et eut l'honneur de mourir victime d'une odieuse injustice.

Il était né à Paris en 1743 dans une famille de riches commerçants. Après avoir suivi avec beaucoup d'application et de succès les cours du *collège Mazarin*, il sentit s'éveiller en lui un goût très vif pour les sciences. Il étudia successivement l'*astronomie*, la *chimie* et la *botanique* sous les meilleurs maîtres, et dès l'âge de vingt ans reçut de l'Académie des Sciences un prix pour l'ouvrage qu'il avait composé sous ce titre : *Mémoire sur le meilleur système d'éclairage de Paris.*

Cet encouragement servit de stimulant à sa passion pour les sciences. Mais pour se consacrer tout entier à elles, il lui fallait la fortune, dont le grand avantage est qu'elle donne à qui la possède le plus précieux de tous les biens, l'indépendance. Lavoisier sollicita donc et obtint une charge fort lucrative; celle de *fermier général*. On appelait ainsi, avant la *Révolution*, des personnages que le gouvernement chargeait du soin de percevoir le produit des impôts et de le verser ensuite dans les caisses publiques. On les accusait, non sans raison, de s'enrichir souvent aux dépens du Trésor, et l'expression « *fortune de fermier général* » était devenue proverbiale pour désigner une grosse fortune dont la source semblait impure.

Lavoisier devint riche, mais sans justifier le proverbe, car il garda toujours ses mains nettes, et s'empressa de faire le plus noble usage de ses revenus. C'est ainsi qu'il donna, en 1788, cinquante mille francs à la ville de *Blois* afin qu'on pût distribuer du pain aux malheureux pendant une disette qui éprouva cruellement la France cette année-là. Il profita aussi de son influence pour faire abolir un impôt que les *Juifs* de *Metz* étaient obligés de payer, souvenir barbare du temps où on les persécutait partout au nom de la religion. Enfin, il créa un magnifique *laboratoire*. Le laboratoire est le cabinet de travail du savant. Il a besoin des instruments de toute espèce qui le remplissent, comme l'homme de lettres a besoin des livres qui garnissent les rayons de sa bibliothèque.

C'est dans ce laboratoire, généreusement ouvert à tous les jeunes savants de Paris, que Lavoisier fit après de longs travaux, les belles découvertes qui ont immortalisé son nom. Il prouva que l'air se compose de deux gaz, et fit connaître la composition de l'eau, que l'on ignorait aussi bien que celle de l'air. Tous les savants de nos jours s'accordent à reconnaître en Lavoisier le créateur de la *chimie* moderne, c'est-à-dire d'une science qui, en étudiant les éléments dont se composent les différents corps dans la nature, a déjà fait depuis quatre-vingts ans d'immenses progrès.

Cependant, l'année 1789 était arrivée, et la *Révolution* venait de commencer. Lavoisier avait l'esprit trop largement ouvert aux idées nobles et généreuses pour ne pas applaudir aux grandes réformes qui furent alors accomplies, bien que la suppression des fermiers généraux l'eût atteint dans ses intérêts privés. Il continua ses travaux sans intervenir dans les luttes des partis, jusqu'au moment où la *Terreur* l'arracha, en 1793, à ses chères études. On appelle Terreur cette période de la Révolution pendant laquelle des hommes violents et sanguinaires s'emparèrent du pouvoir, et firent monter sur l'échafaud non seulement des ennemis de la République, mais tous ceux qu'on soupçonnait de l'être. De nombreuses victimes périrent alors sans qu'on puisse trouver à toutes ces cruelles exécutions d'autre excuse qu'une sorte de délire furieux inspiré à certains hom mes par la vue des périls que courait la France envahie.

Lavoisier dans son laboratoire.

Le 2 mai 1794, un membre de la *Convention*, assemblée qui gouvernait alors la France, proposa l'arrestation de tous les anciens fermiers généraux, comme coupables de s'être enrichis aux dépens du peuple. Quatre jours après, une condamnation en masse était prononcée contre eux. Lavoisier à cette nouvelle se réfugia chez un ancien concierge de l'Académie des Sciences, du nom de Lucas, qui lui offrit généreusement asile, malgré les peines sévères édictées contre quiconque aiderait un proscrit à se soustraire au châtiment. Mais au bout de quelques jours, le savant craignant de compromettre gravement son hôte quitta sa retraite pour aller se constituer prisonnier.

Son procès ne fut pas long. On lui reprochait non-seulement d'avoir exercé les fonctions de fermier général, mais aussi d'avoir fait autrefois élever autour de Paris une muraille afin d'empêcher l'introduction clandestine dans la capitale, de marchandises soumises à des droits d'octroi. Evidemment, l'homme qui avait pris une pareille mesure était un ennemi du peuple, et la mort seule pouvait expier son forfait.

C'est, en effet, à la peine capitale qu'il fut condamné, malgré les grands services qu'il avait rendus à la science, et les belles découvertes dont il avait assuré l'honneur à notre patrie. Quand on lui signifia l'arrêt dont il était frappé, Lavoisier ne manifesta aucun trouble et se contenta de demander qu'on voulût bien surseoir de quelques jours à l'exécution, afin de lui laisser le temps d'achever une expérience utile à la République. Le sanguinaire et grossier personnage qui avait accepté les fonctions de pourvoyeur du bourreau, *Fouquier-Tinville*, accusateur public, lui fit cette réponse stupide et cruelle : « *La République n'a besoin ni de savants, ni de chimistes, le cours de la justice ne sera pas interrompu.* »

Le 8 mai 1794, Lavoisier fut envoyé à la guillotine. Ce crime odieux privait la France d'un savant de premier ordre, dont la réputation n'a cessé de grandir depuis lors. Agé seulement de cinquante-trois ans, il était alors arrivé à la pleine possession de son génie. Quelles découvertes n'eût-il pas faites encore, et quelle gloire n'eût-il pas acquise, si cette mort prématurée due au malheur des temps, ne l'avait trop tôt ravi à ses travaux !

BENJAMIN FRANKLIN (1706-1790).

Il y a des hommes qui aiment la science d'un amour absolument désintéressé et ne se soucient pas de tirer de leurs découvertes des applications utiles. D'autres, au contraire, pensent qu'il est de leur devoir d'améliorer sans cesse la condition de leurs semblables, et demandent à la science moins une satisfaction pour leur esprit avide de savoir, que des remèdes contre les maux qui affligent l'humanité. Pour ceux-là, toute vérité découverte, toute conquête faite sur l'ignorance est le point de départ d'une invention bienfaisante. La vie de *Benjamin Franklin*[1] peut être considérée comme le modèle de ces existences dévouées à l'humanité autant qu'à la science.

Il naquit à *Boston*, en Amérique, l'an 1706. Fils d'un pauvre fabricant de savon, il ne reçut d'abord qu'une instruction fort incomplète : on lui apprit à lire, à écrire et à compter. Mais étant entré comme apprenti chez un imprimeur, il se prit d'un goût très vif pour la lecture et compléta ainsi son instruction. Bientôt même, il fut en état d'écrire des articles dans un journal et de composer des pièces de poésie populaire.

A vingt-trois ans, le petit apprenti était devenu à force d'ordre, de travail et d'économie, maître imprimeur dans la grande ville de *Philadelphie*. Au lieu de gagner péniblement sa vie comme dans les premières

1. Le professeur rappellera à ses élèves qu'il ne faut pas confondre Benjamin Franklin avec le fameux navigateur anglais John Franklin, mort dans une expédition scientifique dont le but était la découverte du *Pôle Nord* (1845).

années de sa carrière d'ouvrier, le voilà donc arrivé à l'aisance, le voilà patron. Bien loin de n'éprouver, comme tant de parvenus, que du mépris pour ses anciens compagnons d'atelier, il se consacra dès lors à l'éducation du peuple, et mit au service de cette généreuse entreprise les ressources d'un esprit ingénieux, délicat, qui puisait toutes ses inspirations dans le cœur le plus vertueux.

Au journal dans lequel il traitait toutes les questions de commerce, de finances, de politique qui pouvait intéresser les classes auxquelles la richesse avait assuré le bienfait de l'instruction, Franklin joignit une sorte d'almanach populaire, publié sous le titre de *Bonhomme Richard*, et qui se vendait à très bas prix. C'était un recueil de connaissances usuelles à l'usage des campagnards : on leur apprenait les meilleurs procédés de culture pour les terres, d'alimentation et d'éducation pour les bestiaux, des recettes contre les maladies qui parfois sévissent sur les troupeaux de bœufs et de moutons, etc. Mais en même temps, l'auteur du *Bonhomme Richard* avait soin de donner à ses rustiques lecteurs des préceptes de morale et de leur prêcher tout doucement la probité, la franchise, l'honnêteté, la tempérance, la haine du mensonge et de la fraude, le respect de la propriété d'autrui, toutes les vertus enfin qui sont d'une pratique plus difficile peut-être dans les campagnes que dans les villes. De la sorte, un brave paysan qui achetait le recueil pour y trouver quelque bonne recette contre l'oïdium, cette dangereuse maladie de la vigne, ou contre la peste bovine qui décime si vite un troupeau, se rendait en même temps acquéreur d'un petit sermon contre l'ivrognerie ou contre le vol : c'était tout profit, pour les gens, aussi bien que pour les plantes et les bêtes. Le succès du *Bonhomme Richard* fut immense et enrichit Franklin, qui croyait d'abord n'avoir fait qu'une bonne action et s'aperçut bientôt qu'il avait fait en même temps une bonne affaire.

Devenu possesseur d'une assez grande fortune, il provoqua la création, au moyen d'une souscription publique, de la première bibliothèque que l'Amérique ait possédée. Il pensait en effet, comme tous les grands esprits, que l'ignorance est pour un peuple un véritable fléau, et qu'il n'est pas de moyen plus efficace pour combattre la misère et le vice, que de répandre l'instruc-

Benjamin Franklin.

tion à pleines mains. C'est dans cette pensée également qu'il composait un plan d'enseignement public. En même temps, il donnait une preuve de son ardente charité en coopérant à la fondation d'un hôpital, et de sa prévoyance en formant un corps de pompiers pour prévenir ou combattre le danger des incendies, très redoutables et très fréquents dans une ville où beaucoup de constructions étaient en bois.

Cependant, de graves événements se préparaient. Il n'est bruit aujourd'hui que de la liberté dont jouissent les citoyens des *États-Unis*. Il n'en était pas de même au temps de Franklin. L'Angleterre était maîtresse du territoire que possède maintenant l'*Union Américaine* : elle l'avait colonisé comme nous avons colonisé l'*Algérie*. Elle regardait donc les Américains comme ses sujets, mais au lieu de les traiter avec humanité et modération, elle se rendait odieuse par les vexations de toute sorte dont elle les accablait. Elle leur faisait, en particulier, payer des impôts énormes, et ne répondait que par l'établissement de nouvelles taxes, aux réclamations que les malheureux colons adressaient au gouvernement de la mère patrie. Cette politique maladroite et inique provoqua peu à peu chez les Américains un vif mécontentement, et ils en vinrent insensiblement à l'idée de conquérir leur indépendance les armes à la main. L'Angleterre allait avoir lutter contre un soulèvement d'autant plus redoutable que les causes en étaient plus nombreuses et plus légitimes.

Franklin fut chargé par ses compatriotes d'aller faire à *Londres* une dernière tentative de conciliation auprès du gouvernement britannique. Il ne put rien obtenir et fut même obligé de rentrer précipitamment dans son pays pour éviter une arrestation dont il était menacé.

Quelque temps après, la rupture entre l'Angleterre et ses colonies d'Amérique devint définitive. Franklin se lia d'amitié avec l'homme éminent qui par ses talents et ses vertus allait avoir l'honneur de fonder l'indépendance des Etats-Unis, *George Washington*. Ces deux âmes d'élite étaient bien faites pour s'apprécier mutuellement. En 1778, Franklin fut envoyé en France pour solliciter l'intervention du roi Louis XVI en faveur des Américains révoltés. L'héroïsme qu'ils déployaient depuis deux ans dans une lutte inégale avait éveillé en France les sympathies qu'éveille toujours dans notre patrie la vue du courage malheureux.

L'opinion publique se prononça avec tant d'énergie

en faveur des rebelles que le gouvernement fut obligé de prendre parti pour eux. La guerre fut donc déclarée à l'Angleterre. Aussitôt, une foule de volontaires français s'enrôlèrent et partirent pour l'Amérique. On vit le marquis *de La Fayette* à peine âgé de vingt ans quitter la jeune femme qu'il venait d'épouser, et s'embarquer sur un vaisseau qu'il avait équipé à ses frais. Les vicomtes *de Rochambeau* et *de Noailles*, le duc *de Lauzun*, le comte *de Ségur* et plusieurs membres de la plus haute noblesse l'accompagnèrent. Une généreuse ardeur s'était emparée de toute la nation. Riches ou pauvres, grands seigneurs ou bourgeois, brûlaient de verser leur sang pour une noble cause. Cette guerre, entreprise avec une témérité chevaleresque qui nous honore, jeta sur les derniers jours de l'ancienne monarchie un reflet de la gloire des belles années de Louis XIV. Nos amiraux, *d'Orvilliers*, *d'Estaing*, *de Guichen*, *de Grasse*, et le fameux *Suffren*, luttèrent toujours avec honneur et parfois avec succès contre les flottes anglaises. Cette intervention de la France obligea l'Angleterre à diviser ses forces et fut le salut des Américains qui n'auraient pas pu supporter seuls le poids d'une pareille guerre. En 1783, l'Angleterre vaincue et humiliée signa le *traité de Versailles*, par lequel elle reconnaissait l'indépendance de ses colonies qui prirent le nom *d'États-Unis*.

Franklin eut le bonheur d'assister à ce grand triomphe qu'il avait préparé par ses habiles négociations et peut-être plus encore par l'enthousiasme qu'il avait excité et la popularité qu'il avait conquise en France. Âgé de près de 80 ans et infirme, il voulut retourner dans sa patrie où on l'accueillit en triomphe. A sa mort, l'Amérique tout entière prit le deuil pendant un mois, afin de mieux marquer la douleur qu'elle éprouvait de la perte de son grand citoyen. En France, l'*Assemblée Constituante* vota, sur la proposition de l'illustre orateur *Mirabeau*, un deuil de trois jours, pour montrer qu'elle s'associait aux regrets unanimes du peuple qui nous devait son indépendance.

Dans sa vie privée, Benjamin Franklin était simple, affable, d'une humeur toujours égale, plein de bonté. A Paris, il gagna tous les cœurs par son air de bonhomie qui s'unissait à une très grande dignité. La foule se pressait pour voir passer dans les rues ce vieillard aux longs cheveux blancs qui se promenait avec un bâton grossier à la main, et dont l'austérité formait un piquant contraste avec le luxe déployé par les brillants seigneurs de la cour de Louis XVI.

Comme savant, Franklin est surtout connu par ses importants travaux sur l'*électricité*. Il découvrit quelques-unes des propriétés de ce *fluide* et s'empressa d'en tirer une application utile à ses semblables. C'est à lui qu'on doit l'invention des *paratonnerres* dont la pointe aiguë attire l'étincelle électrique et la conduit le long d'une tige de métal jusque dans la terre où elle se perd inoffensive, au lieu de faire sur son passage d'horribles dégâts.

On a résumé dans une devise latine fort ingénieuse le double rôle politique et scientifique de Benjamin Franklin. En voici le sens : « *Il arracha la foudre au ciel et le sceptre aux tyrans.* »

DENIS PAPIN (1647-1710).

Parmi les découvertes scientifiques dues au XVIIIe siècle, il en est deux, celle de l'électricité et celle de la vapeur, qui, par les applications merveilleuses qu'on en a tirées, ont véritablement fait une révolution dans le monde et modifié profondément les conditions de la vie humaine.

Les Grecs savaient que l'*ambre*, qu'ils nommaient *électron* (d'où le nom d'électricité), avait la propriété d'attirer les corps légers après avoir été vivement frotté. Ils ne poussèrent pas plus loin leurs investigations, et c'est vers le milieu du XVIIe siècle seulement qu'on eut l'idée d'étudier avec soin ce curieux phénomène. Alors commencèrent des recherches qui furent poursuivies jusqu'à nos jours avec persévérance, et auxquelles se rattachent les noms d'une foule de savants dont les plus illustres sont *Benjamin Franklin*, dont on vient de lire la vie, les Italiens *Galvani* et *Volta*, le Danois *Œrsted*, et le Français *Ampère* (1775-1836) qui eut la première idée de la *télégraphie électrique*. Aujourd'hui, les applications de l'électricité sont innombrables. Non seulement le télégraphe nous permet de faire franchir en quelques secondes à notre pensée les océans et les déserts, mais voici même qu'on applique l'électricité à la médecine pour la guérison de certaines maladies nerveuses, à l'éclairage des rues et des monuments, comme on peut s'en convaincre en passant le soir dans notre belle avenue de l'Opéra, enfin à la traction des véhicules. Peut-être le temps n'est-il pas éloigné, où l'électricité remplacera le gaz et la vapeur.

La découverte de la vapeur, les applications merveilleuses auxquelles cette découverte a donné naissance, n'ont pas une moindre importance. Nous avons le droit de constater avec fierté que la France est représentée dignement par deux de ses enfants, *Denis Papin* et *le marquis de Jouffroy*, dans cette histoire de la découverte de la vapeur et des belles inventions qui en ont été le fruit. Nous pouvons opposer ces deux noms à ceux de l'Anglais *Watt* et de l'Américain *Fulton* qui méritent également une place d'honneur dans ce chapitre.

Denis Papin naquit à Blois en 1647. Son père était médecin et aurait voulu le voir entrer dans la carrière qu'il avait parcourue lui-même, mais le jeune homme ne montra aucun goût pour la médecine et se mit de bonne heure à étudier avec passion la *mécanique*, c'est-à-dire la science qui s'occupe des lois du mouvement, des forces qui communiquent ce mouvement, et de la construction des machines.

Des travaux remarquables mirent bientôt en lumière Denis Papin; il se vit recherché par les plus illustres savants de son temps et entre autres par *Huyghens*, fameux astronome hollandais que le roi Louis XIV nomma, un des premiers, membre de l'Académie des Sciences, et combla de ses bienfaits. La fréquentation de ce grand homme confirma Papin dans la résolution qu'il avait prise de consacrer sa vie à la science. Une première découverte, qui devait être féconde en résultats, l'encouragea plus encore.

Depuis des siècles, les hommes faisaient bouillir de l'eau pour leurs usages domestiques, et personne encore n'avait remarqué que cette eau peut être portée à une température beaucoup plus élevée, si l'on prend soin de l'enfermer dans un vase bien clos, qui ne laisse pas échapper la *vapeur*. Papin, qui fit cette observation, se proposait d'abord d'en tirer parti seulement pour la préparation des aliments, que l'on pourrait désormais disait-il, cuire en fort peu de temps et à peu de frais.

Mais en comprimant la vapeur dans un vase soigneusement fermé, pour mettre à l'épreuve son procédé, il s'aperçut qu'elle soulevait le couvercle afin de s'échapper, et constata même qu'en lui refusant toute issue, on risquait de faire éclater le vase. Papin eut bien vite remédié à cet inconvénient, en disposant au sommet du couvercle une *soupape* qui s'ouvrait d'elle-même quand la pression de la vapeur était trop forte à l'intérieur du vase, et se refermait de même après avoir livré passage à l'excédent de la vapeur. Cette invention tout à la fois si simple et si ingénieuse est encore utilisée aujourd'hui dans nos grandes machines à vapeur, sous le nom de *soupape de sûreté*. Cette soupape rend d'immenses services en prévenant le danger des explosions.

De ce jour, Papin fut sur la voie de sa grande découverte. Il avait constaté qu'en faisant bouillir de l'eau jusqu'à l'ébullition on obtenait de la vapeur ; que plus on élevait la température du liquide et plus aussi la vapeur se dégageait abondamment, enfin que cette vapeur, inoffensive quand on la laissait s'échapper, acquérait une redoutable puissance dès qu'on la comprimait.

La vapeur était donc une force : il restait à trouver le moyen de s'emparer de cette force, de la contenir, de la diriger, d'en faire la servante docile de l'homme, et de la contraindre à le servir. On voit ici comment se font les grandes découvertes. Un fait qui paraît insignifiant et qui pendant des siècles n'a excité la curiosité de personne, s'accomplit un beau jour sous les yeux d'un homme doué du génie des inventions : l'attention de celui-ci s'éveille, il veut connaître la cause du phénomène, il l'étudie, fait des observations, et tout à coup l'idée d'où sortira plus tard la découverte se présente, confuse encore, à son esprit. La vue d'une pomme qui tombe plonge *Newton* dans des réflexions profondes, et à force de se demander quelle est la cause de cette chute, ce puissant esprit arrive à formuler la loi qui préside aux mouvements de tous les corps errants dans l'espace, la *gravitation*. De même aussi Denis Papin pour avoir observé avec plus de soin qu'on ne l'avait fait avant lui une marmite pleine d'eau bouillante, arrive à concevoir vaguement l'idée de la machine à vapeur.

Malheureusement, il y a pour l'inventeur plus d'une difficulté à vaincre, entre le moment où l'idée féconde se présente à son esprit, et celui où il peut enfin la réaliser.

En 1685 le roi Louis XIV révoqua l'*Édit de Nantes* par lequel *Henri IV*, prince plus tolérant et plus sage, avait accordé aux protestants le libre exercice de leur religion en France. Denis Papin était protestant : il fut obliger de s'exiler pour échapper aux persécutions de tout genre dont on accablait ses malheureux coreligionnaires. Tous ses travaux se trouvèrent interrompus par cette fuite précipitée. Il ne put les reprendre qu'en Allemagne où il se réfugia. Mais alors il eut à lutter contre la misère. A force de privations et d'énergie, il put cependant poursuivre les expériences qu'il avait entreprises. En 1707, après plusieurs années d'efforts héroïques il acheva la construction d'un bateau où les rames et les voiles étaient remplacées par la vapeur qui mettait en mouvement deux grandes roues munies de palettes.

Il restait à faire connaître au public incrédule et moqueur la grande découverte. Papin lança son bateau sur un fleuve d'Allemagne, le *Weser*, et ce fut pour le grand homme un moment de triomphe enivrant quand la foule accourue sur les rives vit, comme il l'avait annoncé, les roues battre l'eau avec force, et communiquer au bateau une impulsion que beaucoup de gens regardèrent sans doute comme miraculeuse. Malheureusement, cette joie devait être de courte durée. Des mariniers du Weser craignant que l'invention nouvelle ne ruinât leur industrie s'emparèrent du bateau de Papin et dans leur rage stupide le mirent en mille pièces. Le pauvre homme qui avait épuisé ses dernières ressources dans la construction de sa machine à vapeur se vit réduit à la misère, et, malheur plus cruel, privé de la gloire qu'il méritait si bien. Il ne survécut que peu de temps à cette grande infortune, et mourut inconnu en Angleterre vers 1710.

La ville de Blois lui a accordé de nos jours le juste et tardif hommage d'une statue. Jusqu'ici, on peut dire qu'il n'est pas un seul inventeur, même parmi les plus grands, dont la découverte ait été aussi féconde en résultats, et ait contribué d'une façon plus efficace au progrès matériel de l'humanité.

En effet, une cinquantaine d'années s'étaient à peine écoulées, que l'Anglais *Watt* (1736-1819) reprit l'idée de Papin, la perfectionna, et créa le premier modèle d'un de ces ingénieux appareils qu'on voit se mouvoir dans les usines, au moyen de la vapeur, avec tant de puissance et de régularité. La machine à vapeur moderne existait désormais dans ses parties essentielles. Dès lors, la puissance de production de l'industrie se trouva centuplée; on put fabriquer comme en se jouant mille objets qui exigeaient jadis beaucoup de temps et de travail; le sort de l'ouvrier accablé par un labeur trop rude fut sensiblement amélioré, car les tâches les

Les bateliers du Weser brisant le bateau de Papin.

plus rebutantes ou les plus pénibles furent accomplies par des machines au lieu de l'être par des hommes.

Vers la même époque, un Français le *marquis de Jouffroy* (1751-1832) renouvelait avec succès l'expérience tentée par le malheureux Papin. En 1776, il parvenait à faire naviguer sur le *Doubs* une barque mue par la vapeur seule. En 1783, il construisit à ses frais un véritable bateau à vapeur, avec lequel il remonta le violent courant du *Rhône*. Ce double succès ne parvint pas à convaincre ces esprits légers, superficiels ou routiniers, qui sont les ennemis naturels de toutes les grandes inventions, et dont les railleries malfaisantes ont découragé tant d'hommes de génie. Le marquis de Jouffroy mourut comme Papin, ruiné et méconnu. Il avait consacré les débris de sa fortune à une nouvelle expérience de navigation à vapeur faite en 1816. Elle réussit comme les deux premières, sans que la mauvaise volonté des détracteurs de la découverte fût pour cela désarmée.

L'Américain *Fulton* (1764-1815) fut plus heureux dans son pays. Comme Papin et Jouffroy, il chercha à résoudre le problème de la navigation à vapeur. Étant venu en France, il fit remonter le courant de la Seine à un bateau qui marchait avec une vitesse de six kilomètres à l'heure. A cette époque (août 1803), *Bonaparte* qui allait devenir l'année suivante l'empereur *Napoléon*, songeait d'envahir l'Angleterre avec son invincible armée. Mais il fallait pour cela franchir le détroit du *Pas de Calais*, et de nombreux vaisseaux anglais barraient le passage à la flotte et aux chaloupes qui devaient transporter les troupes de débarquement. Bonaparte ayant entendu parler de l'expérience faite sur la Seine par l'ingénieur américain institua une commission de savants français pour examiner ses plans, et voir si le système de la navigation à vapeur ne pouvait pas être appliqué à notre flotte. Cette commission, soit ignorance, soit jalousie, déclara que l'invention de Fulton n'était pas pratique et qu'il ne fallait pas compter sur la vapeur pour metre en mouvement des bâtiments destinés à la mer. On sait comment l'avenir se chargea de reviser ce sot jugement : d'innombrables bateaux à vapeur sillonnent aujourd'hui les fleuves et les océans. Que serait-il arrivé si Napoléon avait pu disposer de la vapeur pour son entreprise? Il n'est pas téméraire de penser que le passage du détroit aurait pu s'effectuer en dépit de la flotte anglaise : un tel événement aurait eu des conséquences dont la gravité ne peut échapper à personne.

Fulton.

Quoi qu'il en soit, Fulton mécontent de ne pas être apprécié à sa valeur, quitta la France, rentra en Amérique et trouva auprès de ses concitoyens un accueil qui le consola des déceptions qu'il avait éprouvées en Europe. A partir de 1807 il commença à construire des bateaux à vapeur destinés à naviguer sur les rivières des Etats-Unis et gagna rapidement une grande fortune. En 1814, il travaillait à la construction d'une frégate à vapeur lorsque la mort vint le surprendre. Ses compatriotes lui firent de splendides funérailles, afin de donner un témoignage éclatant de leur admiration et de leur reconnaissance pour le grand homme.

Après Papin, Watt, le marquis de Jouffroy et Fulton, il semblait qu'on eut fait de la vapeur toutes les applications qu'elle comportait. Un ingénieur anglais, *Stephenson* (1781-1848), imagina cependant un nouvel emploi de cette force. Il fut véritablement le créateur de ces chemins de fer qui pénètrent aujourd'hui par-

Stephenson.

tout, facilitent les échanges, les communications, et suppriment en quelque sorte l'espace. En effet, Stephenson inventa les *locomotives* en 1824. La nouvelle invention ne fut pas accueillie partout avec une égale faveur. Les Anglais, qui sont gens pratiques, en virent bien vite tous les avantages, et couvrirent leur pays de chemins de fer. Mais en France, l'idée de Stephenson trouva des adversaires passionnés, parmi lesquels on s'étonne de rencontrer *M. Thiers*. Cet homme d'État éminent, dont l'intelligence était si vive et si pénétrante, prédisait que les chemins de fer n'avaient aucun avenir, qu'on ne trouverait pas le fer nécessaire à l'établissement du réseau. Il se trompa ce jour-là : tout le monde a si bien apprécié les immenses services rendus par les chemins de fer que la création de nouvelles lignes est sans cesse réclamée.

LES FRÈRES MONTGOLFIER (1740-1810 et 1745-1799).

Une des plus merveilleuses inventions du XVIIIe siècle est celle des *aérostats*, connus communément sous le nom de *ballons*.

Les deux frères *Joseph et Étienne Montgolfier* naquirent l'un en 1740 et l'autre en 1745. Leur père, qui dirigeait une importante fabrique de papier, avait une assez belle aisance, ce qui lui permit de faire donner à ses enfants une instruction très complète. Il fut d'ailleurs récompensé de ses sacrifices en les voyant travailler l'un et l'autre avec beaucoup d'ardeur, et témoigner bientôt pour les sciences une aptitude extraordinaire. L'affection des deux frères l'un pour l'autre n'était pas un moindre objet d'admiration, que la vive intelligence dont ils donnaient des preuves à leurs maîtres et à leurs parents.

Arrivé à l'âge d'homme, Joseph, l'aîné, fut pris par son père pour associé. Il en profita pour donner carrière à son esprit inventif et appliqua à la fabrication du papier des procédés nouveaux, qui la rendaient plus simple. Mais ces innovations de détail ne lui suffisaient pas : il rêvait d'immortaliser son nom par quelque grande découverte.

Un hasard heureux le mit sur la voie de l'invention des *aérostats*. Il était, dit-on, un jour assis au coin de sa cheminée, et méditait comme de coutume. Ses regards tombent par hasard sur une gravure fixée au mur. Elle représentait la ville de *Gibraltar*, qui passait alors pour imprenable, et que les Français assiégeaient précisément à cette époque sans parvenir à s'en emparer. Puisqu'on ne peut prendre par les moyens ordinaires cette citadelle perchée comme un nid d'aigle au sommet d'un rocher, se dit Montgolfier, pourquoi n'y pénétrerait-on pas en traversant les airs? — Mais comment s'élever dans l'espace, comment rivaliser avec l'oiseau?

Perdu dans les réflexions qu'éveille en son esprit ce

Les frères Montgolfier.

problème insoluble, Montgolfier ramène ses regards vers le foyer. Une flamme claire et joyeuse illuminait l'âtre; des gerbes d'étincelles jaillissaient de la bûche à de certains moments, et de petites colonnes d'une fumée blanchâtre montaient en tourbillonnant dans la cheminée.

Tout à coup le savant tressaille au choc d'une idée qui vient de heurter son cerveau en travail. Pourquoi

cette fumée monte-t-elle et va-t-elle s'échapper par le
tuyau de la cheminée? — Évidemment, c'est parce que
l'air échauffé à la propriété de s'élever dans l'espace :
il suffit pour s'en convaincre de regarder la vapeur qui
se dégage d'une marmite où bout un liquide quelconque,
de voir, l'hiver, un cheval dont le corps après une longue

Montgolfière.

course semble fumer. — Mais alors ne serait-il pas
possible de construire une machine qui s'élevât dans les
airs, entrainée par l'air chaud qu'on emmagasinerait
d'une façon quelconque, en quantité suffisante pour que
la force qui le pousse à monter triomphât de l'influence
de la pesanteur qui retient tous les corps à terre? Cette
idée fut le germe d'où sortit l'invention des aérostats.

A quelque temps de là, Étienne Montgolfier qui était allé compléter ses études à Paris, en fut rappelé par la mort de son père et vint s'installer auprès de son ainé qu'il chérissait tendrement. Joseph lui communiqua l'idée qu'il avait conçue de construire une machine pour s'élever dans l'air. Le projet plut à Étienne qui entra aussitôt dans les projets de son frère et se mit au travail avec lui. Recherches, calculs, combinaisons, expériences, tout fut fait en commun, de sorte que la postérité ne sait auquel des deux frères attribuer l'honneur de l'invention extraordinaire qui récompensa cette touchante collaboration. L'honneur de la découverte appartient à l'un comme à l'autre.

Le 5 juin 1783, les deux frères résolurent de procéder à une expérience publique. Ils avaient construit un appareil en toile doublée de papier, de forme ronde, avec une ouverture par laquelle on fit entrer de l'air échauffé par la combustion de plusieurs bottes de paille. Cette machine, qui pesait cinq cents livres, n'eut pas été plus tôt remplie d'air chaud, qu'elle s'éleva majestueusement jusqu'à une grande hauteur, aux applaudissements enthousiastes de la foule.

Le succès de l'expérience décida les deux frères à la renouveler sous les yeux du roi Louis XVI et de sa cour, non plus seulement en présence d'un public ignorant de province. Étienne partit pour Paris, et obtint un véritable triomphe. Le nom de *montgolfières* fut donné aux aérostats à air chaud. La confiance qu'inspirait cette étonnante invention fut bientôt telle, que des hommes hardis osèrent affronter le péril d'une ascension. Dès 1783, le *marquis d'Arlandes* et *Pilâtre de Rozier* s'élevèrent en montgolfière à plusieurs centaines de mètres dans les airs, et redescendirent à terre sains et saufs.

Depuis lors, la science aérostatique a fait de grands progrès. Les montgolfières sont à peu près abandonnées, parce qu'on a trouvé avantageux de substituer à l'air chauffé le *gaz*, qui a les mêmes propriétés et dont l'emploi dans les ballons prévient le terrible danger des incendies qu'on avait toujours à redouter avec les aérostats primitifs. On a inventé le *parachute*, qui permet au besoin à l'*aéronaute* de se laisser tomber impunément d'une très grande hauteur. Enfin on cherche à résoudre le difficile problème de la direction des ballons. Si jamais on parvient à faire d'eux de véritables vaisseaux de l'air, capables non pas seulement de monter où de descendre au gré de ceux qui les conduisent, mais aussi d'évoluer comme un bon navire, d'aller ici ou là, au nord ou au sud, à l'est ou à l'ouest, alors l'invention des frères Montgolfier devra être mise au rang de celles qui ont déjà transformé la face du monde. Il n'est cependant pas nécessaire d'attendre que ce perfectionnement soit obtenu, pour bénir les auteurs de cette étonnante découverte. La France, les Parisiens surtout, leur doivent beaucoup de reconnaissance : j'en prends à témoins tous ceux qui se trouvaient dans la capitale lors du siège soutenu naguère contre les Allemands. Qu'ils se rappellent ces sombres heures du blocus, pendant lesquelles la grande ville se consumait en stériles efforts pour briser le cercle de fer qui l'enveloppait. Si nous n'avions pas eu les ballons pour franchir ces formidables lignes d'investissement, comment donc aurions nous pu donner de nos nouvelles à la province, lui dire de s'armer, de lutter, comme nous le faisions nous-mêmes? Ceux qui les ont vus partir, ces ballons du siège, que les vœux ardents de deux millions d'hommes accompagnaient, penseront sans doute que la mémoire des Montgolfier doit être honorée parmi nous.

CHAPITRE VI.

VOYAGES ET DÉCOUVERTES.

APERÇU GÉNÉRAL.

Nous appelons fièrement la Terre notre domaine, et cependant nous sommes bien loin d'en connaître toutes les parties.

Pourtant la science géographique a fait d'immenses progrès, et l'on reste confondu de l'importance de ses conquêtes, quand on compare nos connaissances actuelles aux notions insuffisantes, vagues, et souvent erronées que possédaient les anciens.

Les Grecs ne connaissaient guère que les pays baignés par la mer *Méditerranée*. Ils y avaient fondé de nombreux établissements, qui remplacèrent les colonies des *Phéniciens*. Mais quel que fût le goût du peuple grec pour les voyages, il regardait comme les bornes du monde le détroit de *Gibraltar* nommé alors *Colonnes d'Hercule*. Pendant des siècles, on crut qu'il n'y avait à l'ouest de ce détroit qu'une mer impénétrable, couverte d'épaisses ténèbres et peuplée de monstres affreux. Des navigateurs hardis osèrent pourtant s'y aventurer. On sait que des marins phéniciens, attirés par l'appât du gain, pénétrèrent dès une très haute antiquité jusqu'aux îles *Sorlingues* et même jusqu'aux rivages de la *Baltique*, d'où ils rapportaient l'étain et l'ambre qui étaient dans ce temps-là l'objet d'un commerce très lucratif. Ce qui prouve, cependant, que quelques aventuriers seuls eurent l'audace d'affronter les périls réels ou imaginaires d'une si lointaine navigation, c'est que, bien longtemps après, la *mer du Nord* était encore pour les Romains un objet d'effroi et de terreurs superstitieuses.

Du côté de l'*Orient*, l'expédition d'*Alexandre le Grand* étendit le domaine de la science géographique : on eut après lui des notions plus précises sur des parties de l'Asie peu connues jusqu'alors. On sait que le conquérant ne put aller plus loin que l'*Indus*. Bien des siècles s'écoulèrent, avant que ce point fût dépassé.

Au moyen âge, les peuples vivent isolés, les relations commerciales sont presque nulles, toute la partie orientale de l'Europe reste encore à peu près inconnue, et ce sont les *Croisades* seules qui rétablissent quelques rapports entre l'Europe, l'Asie et l'Afrique.

Nous arrivons enfin au quinzième siècle qui fut marqué par de mémorables découvertes. Les *Portugais* et les *Espagnols* rivalisent d'ardeur : les premiers trouvent avec *Vasco de Gama* un chemin nouveau pour parvenir aux Indes en passant par le sud de l'Afrique (1497); les seconds découvrent en 1492, sous la conduite d'un homme de génie, *Christophe Colomb*, le Nouveau Monde ou *Amérique* dont ils commencèrent aussitôt la conquête.

Depuis lors la science géographique n'a pas cessé de reculer les limites de son domaine. L'immense continent américain a été exploré dans toutes ses parties ; l'*Asie centrale*, l'*Empire Chinois*, le *Japon* même ont été visités par de hardis voyageurs; l'*Australie* découverte par les *Hollandais* au commencement du dix-septième siècle, a été reconnue sur toute l'étendue de ses côtes, sinon dans l'intérieur. Mais ce qui restera l'honneur du dix-neuvième siècle, c'est d'avoir entrepris résolument l'exploration des régions inhospitalières et hier encore inconnues, qui s'étendent au centre du continent africain. Les noms de *Livingstone* et de *Stanley* méritent d'être placés à côté des plus illustres.

MARCO-POLO (1252-1323).

Marco-Polo, voyageur vénitien du treizième siècle, est célèbre par la singularité de ses aventures, la vaste étendue des pays qu'il parcourut, et l'influence qu'eut la relation de ses voyages sur les progrès de la navigation et du commerce.

Pour bien apprécier cette influence, il faut se rappeler que les anciens ne connaissaient rien du nord de l'Asie, et qu'ils ne soupçonnaient même pas l'existence des vastes contrées qui la terminent à l'est. Un heureux hasard permit à Marco-Polo de les visiter.

Son père et son oncle l'emmenèrent avec eux dans un voyage qu'ils firent à la cour de l'empereur des *Mongols*. Ce peuple belliqueux et conquérant tenait alors sous sa domination la plus grande partie de l'Asie centrale et de la Chine. Marco-Polo sut se concillier par sa vive intelligence la faveur du maître de cet immense empire, *Koublaï*, qui le combla de titres et de dignités. C'est ainsi qu'il devint gouverneur d'une ville de la Chine et qu'il fut chargé de plusieurs ambassades dont il s'acquitta avec beaucoup de succès, grâce à son adresse et à la connaissance parfaite qu'il avait acquise de la langue du pays. Les différentes missions qui lui furent confiées pendant son long séjour au milieu des Mongols, lui permirent d'étudier leurs mœurs, leurs institutions, et aussi la géographie des contrées dont ils s'étaient rendus maîtres par la force des armes.

Cependant les honneurs et les richesses dont Marco-Polo avait été comblé par son généreux protecteur, ne l'empêchaient pas de regretter sa patrie. L'empereur des Mongols ayant voulu envoyer une ambassade à un prince dont le royaume se trouvait sur le chemin de l'Europe, le Vénitien obtint d'être chargé du soin de la conduire. Il partit donc en promettant à *Koublaï* de revenir le plus vite possible, mais avec la secrète intention de rentrer dans son pays. Au lieu de traverser l'Asie comme à l'aller, il prit au retour la voie de mer en suivant les côtes de la *Chine*, de l'*Indo-Chine*, de l'*Hindoustan* et de la *Perse*, qu'aucun Européen n'avait visitées avant lui. Chemin faisant, il prenait des notes, suivant sa coutume, afin de conserver le souvenir des incidents les plus remarquables de son voyage.

Après s'être acquitté de son ambassade, il apprit la mort de l'empereur des Mongols, et cette nouvelle le confirma dans la résolution de rentrer à *Venise*. Il y arriva en 1295, après une absence de vingt-six années. On le croyait mort depuis longtemps, et l'on eut peine à le reconnaître sous son costume étranger, car c'est à peine s'il parlait encore sa langue maternelle. Des membres de sa famille s'étaient installés dans sa maison, et ce ne fut point sans quelque peine qu'il parvint à rentrer en possession de son bien. Mais quand on vit les immenses richesses qu'il rapportait sous forme de diamants et de pierres précieuses soigneusement cousus dans la doublure de ses habits, on lui fit un accueil plus cordial. Le récit de ses aventures et de ses voyages excita le plus vif enthousiasme. Cependant, on le soupçonnait d'avoir souvent altéré la vérité, et on le taxait d'exagération, quand il parlait de la puissance du souverain des Mongols, de ses trésors inépuisables, du nombre infini de ses sujets, de la fertilité de ses provinces et des coutumes étranges de leurs habitants. On lui donna même un surnom ironique *Monsieur Million*, soit pour indiquer que dans ses récits il grossissait les chiffres, soit par allusion à son énorme fortune.

Une guerre ayant éclaté entre les Vénitiens et leurs rivaux les Génois, Marco-Polo reçut du gouvernement de sa patrie le commandement d'un navire. Dans la bataille navale qui s'engagea, il fit bravement son devoir, mais, après la déroute de la flotte vénitienne, son bâtiment, poursuivi par l'ennemi, fut entouré et dut amener son pavillon.

Reconnu par les Génois, Marco-Polo fut retenu prisonnier de guerre, mais traité avec tous les égards qu'on devait à un homme rendu célèbre par tant d'aventures extraordinaires. C'est pour charmer les loisirs de sa captivité qu'il songea à se servir des notes qu'il avait rapportées et commença la relation de ses voyages. A cette époque, *Gutenberg* n'avait pas encore inventé l'ingénieux appareil qui allait permettre un siècle plus tard (1440) de multiplier au moyen de l'imprimerie les exemplaires d'un ouvrage. On était réduit à copier les œuvres des écrivains ; ces manuscrits avaient le double inconvénient d'être fort rares et de coûter très cher. On cite l'exemple d'un manuscrit qui fut payé par un riche seigneur du onzième siècle au prix énorme de deux cents brebis. Cependant la relation des voyages de Marco-Polo parut si intéressante qu'on en fit un grand nombre de copies, afin de satisfaire la curiosité publique. Quelques-unes de ces copies sont parvenues jusqu'à nous, et l'on s'est empressé de les publier. L'ouvrage du voyageur vénitien est maintenant dans toutes les bibliothèques et l'on a reconnu en l'étudiant avec soin que ses récits bien loin de justifier toutes les railleries qu'on leur avait prodiguées, sont au contraire dignes de toute confiance. Marco-Polo raconte en effet avec beaucoup de simplicité et de bonne foi ce qu'il a vu au cours de ses lointaines pérégrinations, et les relations des voyageurs modernes qui ont visité les mêmes contrées plusieurs siècles après lui, concordent le plus souvent avec ses propres témoignages.

VASCO DE GAMA (1469-1524).

Si vous jetez les yeux sur une carte de géographie, vous voyez que l'Afrique est baignée par la *mer Méditerranée*, l'*océan Atlantique*, l'*océan Indien* et la *mer Rouge*. Elle s'allonge en pointe vers le sud jusqu'à un promontoire qu'on nomme le *cap de Bonne-Espérance*.

Au quatorzième siècle, on ne connaissait pas, comme nous les connaissons aujourd'hui, la forme et les dimensions de ce vaste continent. On ne possédait de notions précises que sur la partie de l'Afrique qui est baignée par la mer *Méditerranée* : c'est ce qu'on nomme aujourd'hui le *Maroc*, l'*Algérie*, la *Tunisie*, la *Tripolitaine* et l'*Égypte*. Sur tout le reste, on n'avait que des idées très vagues. Il semblait même que sur ce point la science géographique eût reculé depuis l'antiquité, car nous savons par un récit de l'historien grec *Hérodote* que 600 ans avant Jésus-Christ de hardis navigateurs phéniciens étaient partis de la *mer Rouge* sur l'ordre du roi d'Égypte *Néchao*, en se dirigeant vers le sud, et qu'après trois ans de voyage ils étaient revenus en Égypte par les *Colonnes d'Hercule* et la mer *Méditerranée*, ce qui prouve qu'ils avaient fait tout le tour de l'Afrique. Vers la même époque, un marin *carthaginois* nommé *Hannon* fut chargé par le gouvernement de sa patrie de fonder une colonie sur la côte occidentale de l'Afrique, et il est certain qu'après avoir franchi les colonnes d'Hercule, il s'avança dans la direction du sud jusqu'à un point qu'on croit être le *Cap Vert*. Le souvenir de ces expéditions s'était malheureusement perdu.

Dans les premières années du quinzième siècle, les *Portugais*, peuple de navigateurs et de commerçants, eurent l'idée de parvenir dans l'*Inde* en cherchant par mer une route au sud de l'Afrique. Pendant plus de soixante ans leurs efforts restèrent sans succès. Mais enfin un marin du nom de *Barthélemy Diaz* fut plus heureux que ses devanciers. Il longea la côte de l'Afrique en se dirigeant toujours vers le sud et, après plusieurs mois d'une navigation aussi pénible que dangereuse, il arriva en 1486 à l'extrémité de ce continent. Là, il fut assailli par un ouragan épouvantable, et donna, en souvenir des périls qu'il avait courus, le nom de *cap des Tempêtes* au promontoire qui termine l'Afrique. Le roi de Portugal voulut que ce nom de mauvais augure fût changé en celui de *cap de Bonne-Espérance*, qui a été conservé.

Onze ans après le retour de Diaz à *Lisbonne*, une grande expédition fut confiée à *Vasco de Gama*. Ce navigateur célèbre parvint sans encombre au Cap de Bonne-Espérance, le franchit, suivit en remontant vers le nord la côte orientale de l'Afrique jusqu'à la ville de *Mélinde*, traversa l'*océan Indien*, où jamais vaisseau européen n'avait encore navigué, et arriva par cette voie nouvelle dans l'Inde qui était le but de son voyage.

Là, il se trouva aux prises avec les plus grandes difficultés et ne parvint à les surmonter qu'à force d'énergie. La ville de *Calicut*, où il aborda, avait pour souverain un prince *musulman*, qui professait, comme tous les sectateurs de la religion de *Mahomet*, une haine violente contre les chrétiens. On l'appelait le *Zamorin*. Il invita Vasco de Gama à une entrevue, et celui-ci consentit à débarquer, malgré les supplications de ses amis et de ses matelots qui craignaient un guet-apens. Le chef portugais se fit conduire à terre accompagné seulement de douze hommes d'élite, traversa sans crainte la foule immense qui était accourue pour contempler les étrangers, et se rendit au palais du Zamorin. Il offrit des présents qui furent très mal reçus comme étant de valeur insuffisante. Un homme du pays qui avait beaucoup voyagé et savait par hasard quelques mots de portugais, lui servit d'interprète. Par son intermédiaire, Vasco de Gama fit comprendre au souverain indigène le but de son expé-

Vasco de Gama

dition, et lui demande d'autoriser ses sujets à nouer

des relations commerciales avec les Portugais. Le Zamorin étonné par la fière contenance de l'Européen lui adressa quelques paroles et le laissa partir, mais bientôt après il prit secrètement des dispositions pour faire brûler les vaisseaux et massacrer les équipages. Heureusement, Vasco eut quelque soupçon de cette perfidie et se tint sur ses gardes. Mais comme il n'avait pas de forces suffisantes pour se venger, il remit à la voile et revint en Portugal après plus de deux ans d'absence. On le croyait déjà mort ; l'enthousiasme fut universel, quand on apprit l'heureux succès de son voyage et les périls qu'il avait si courageusement affrontés.

La route de l'Inde, par mer, était donc enfin trouvée. Vasco de Gama reçut l'ordre de se préparer à faire un nouveau voyage ; il reparut devant Calicut et fit pendre aux mâts de ses navires cinquante Indiens qu'il avait faits prisonniers sur des barques de pêche. Non content de cette exécution cruelle, il canonna la ville pendant plusieurs heures afin d'inspirer aux habitants la crainte salutaire des Européens. Après avoir ainsi jeté la consternation dans le cœur des sujets du Zamorin, il entama avec ce prince de nouvelles négociations qui, cette fois, eurent un plein succès. Bientôt de nombreux établissements s'élevèrent sur les côtes de l'Inde et mirent entre les mains des Portugais tout le commerce de cette riche contrée. Vasco de Gama avait donc assuré à sa patrie, non seulement l'honneur d'une belle découverte géographique, mais aussi tous les bénéfices que lui valut la création d'un magnifique empire colonial. Il n'est donc pas étonnant que le nom du grand navigateur soit un objet d'orgueil pour ses compatriotes. Un poète portugais, *Camoëns*, composa, quelques années après la mort du célèbre explorateur, un poème nommé les *Lusiades*, consacré tout entier à la gloire de Vasco de Gama. C'est encore aujourd'hui le poème national des Portugais.

CHRISTOPHE COLOMB (1441-1506).

On a vu plus haut (page 104) que la relation des voyages de *Marco-Polo* avait excité dans toute l'Europe une vive curiosité. Des récits du célèbre explorateur il résultait : 1° que l'Asie s'étendait, dans la direction de l'est, beaucoup plus loin qu'on ne l'avait supposé et que ne l'avaient cru les anciens, même après l'expédition d'Alexandre (voir page 133) ; 2° que toute la partie orientale de cet immense continent formait un empire très puissant et très peuplé, appelé par Marco-Polo l'empire de *Cathaï* ; 3° que, dans le voisinage de cet empire, on trouvait de grandes îles formant un archipel nommé *Cipangu*. Tous ces renseignements étaient parfaitement exacts : on reconnaît sans peine dans l'empire de Cathaï, la *Chine*, et dans l'archipel de Cipangu, le *Japon* moderne.

Pour parvenir à ces contrées lointaines et exploiter les richesses de toute sorte qu'elles renfermaient, fallait-il se résigner à braver, comme *Marco-Polo*, les fatigues et les mille dangers d'un voyage par terre, à travers l'Asie ? N'y avait-il aucun moyen d'y arriver par mer ? Assurément l'entreprise méritait d'être tentée, et *Barthélemy Diaz* en franchissant le *cap de Bonne-Espérance* (voir page 106) avait prouvé en 1486 qu'elle pouvait réussir.

C'est alors que *Christophe Colomb* eut l'idée de chercher une troisième route, également différente et de celle qu'avait suivie *Marco-Polo*, et de celle que les Portugais allaient découvrir quelques années plus tard avec *Vasco de Gama*.

Ce grand homme naquit en 1441. Sa patrie paraît avoir été *Gênes* en *Italie* : on ne saurait pourtant l'affirmer, car plusieurs villes se disputèrent, après sa mort, l'honneur de lui avoir donné le jour. On sait qu'un conflit du même genre s'était élevé jadis au sujet du grand poète grec, *Homère*.

Sa famille était noble, mais des revers de fortune obligèrent son père à chercher des ressources dans le commerce maritime. Le jeune Christophe Colomb, après avoir fait de très bonnes études et appris toutes les sciences connues de son temps, navigua pendant plusieurs années sur toutes les mers de l'Europe, et acquit ainsi une grande expérience dans l'art de diriger les vaisseaux en réglant leur course sur le mouvement des astres. Pendant les longues heures des traversées, il consacrait ses loisirs à de profondes méditations, construisait des globes terrestres, et s'ingéniait à indiquer l'emplacement et à dessiner les contours probables des pays mystérieux que Marco-Polo avait visités. C'est ainsi que, de réflexion en réflexion, il fut amené à penser qu'en partant d'Espagne, et en naviguant toujours devant soi dans la direction de l'Ouest, on devait finir par atteindre ces lointaines contrées du *Cathaï* et de *Cipangu* dont la richesse et la fertilité avaient été célébrées avec enthousiasme par le voyageur vénitien.

Il suffira d'un simple coup d'œil jeté sur une sphère terrestre ou une mappemonde pour comprendre que Christophe Colomb avait à la fois tort et raison. La terre étant ronde, il était juste de dire qu'en allant toujours vers l'ouest on finirait par rencontrer ces mêmes pays où les Portugais cherchaient à parvenir par l'est en contournant le sud de l'Afrique. Mais il se trompait en pensant qu'on pouvait arriver directement et après quelques semaines seulement de navigation. Il ne soupçonnait pas l'immensité de la distance qui sépare la côte occidentale de l'Europe des rivages orientaux de l'Asie; il ignorait en un mot : 1° l'existence du continent nouveau qu'il allait découvrir tout en ne le cherchant pas, l'Amérique; — 2° l'existence d'un océan bien plus vaste encore que l'*océan Atlantique*, le *Pacifique*. Heureuse et féconde erreur cependant! car si Colomb ne s'était pas trompé dans l'évaluation des distances, s'il avait su qu'il faut compter en ligne droite non pas mille, mais bien trois mille neues et plus, entre l'Europe et les *Indes orientales* qu'il se proposait de découvrir, sans doute, lui-même n'aurait pas osé tenter une pareille entreprise, ou tout

Christophe Colomb.

au moins il n'aurait pas trouvé de matelots assez hardis pour le suivre.

Après plusieurs années de méditation et de calculs,

Christophe Colomb résolut de communiquer ses projets à quelque prince assez puissant pour l'aider à les mettre à exécution. Il s'adressa d'abord au roi de Portugal. Celui-ci, bien loin d'encourager le grand homme, voulut lui ravir l'honneur de sa découverte. Il envoya secrètement deux navires dans la direction que Colomb avait indiquée : heureusement, les pilotes portugais, effrayés à la pensée de naviguer sur une mer qu'aucun navire n'avait encore sillonnée, revinrent en prétendant que des vents contraires les avait empêchés de s'avancer vers l'ouest. Une tentative faite par Colomb auprès du gouvernement de sa patrie, puis auprès du roi de France, *Charles VIII*, ne fut pas plus heureuse. Il ne rencontra partout que la défiance et l'incrédulité : les plus bienveillants le traitèrent de visionnaire.

Il s'adressa alors au roi d'Espagne *Ferdinand le Catholique*. La reine *Isabelle*, épouse de ce prince, était une femme d'un grand cœur et d'une large intelligence. Elle accueillit favorablement Colomb et lui donna dès la première entrevue de précieux encouragements. On chargea plusieurs savants de l'époque d'examiner les projets du navigateur. Soit ignorance, soit jalousie, ils déclarèrent d'un commun accord que Colomb était fou. Le grand homme méconnu se disposait à quitter l'Espagne pour regagner tristement sa patrie, quand la reine Isabelle lui fit savoir qu'elle allait mettre à sa disposition trois vaisseaux avec leur équipage et les vivres nécessaires pour un long voyage. Cette nouvelle remplit l'âme de Christophe Colomb d'une joie d'autant plus vive qu'elle était plus inespérée.

Le vendredi 3 août 1492 les trois petits navires placés par la reine d'Espagne sous le commandement de Colomb mirent à la voile. Tout alla bien pendant les premiers jours. Les matelots avaient confiance en leur chef et lui obéissaient sans murmurer. Mais quand on fut à une très grande distance des côtes de l'Europe et que l'on navigua sur une mer absolument inconnue, des craintes superstitieuses assaillirent les équipages.

Les matelots épouvantés se racontaient tout bas d'effrayantes histoires de tempêtes et de monstres marins. Bientôt des groupes se forment, des murmures s'élèvent; ils demandent à revenir en arrière, ils supplient l'amiral de les ramener dans leur pays. Colomb refuse de céder à leurs supplications, et menace de punir sévèrement les rebelles. En même temps il s'efforce de les rassurer, il leur affirme que la terre n'est pas loin, il les adjure d'avoir confiance en lui et de songer non pas aux périls de la traversée, mais à l'honneur et aux profits de la découverte.

Le 20 septembre, on aperçut des bandes d'oiseaux qui venaient de l'ouest : Colomb en profita pour déclarer à ses hommes que la terre ne pouvait plus être bien éloignée. La rencontre que l'on fit d'un tronc d'arbre encore vert, ballotté par les vagues, servit de confirmation à ces paroles. Le découragement céda la place à l'espérance, et les journées qui suivirent ne furent marquées par aucune tentative nouvelle de révolte. Mais des vents contraires s'étant mis à souffler, de grosses vagues s'élevèrent, et les murmures recommencèrent bientôt. Quelques matelots ne craignaient pas de dire tout haut que la folle témérité de Colomb allait être cause de leur perte et qu'il fallait se débarrasser de lui en le jetant à la mer. A force de sang-froid l'amiral parvint encore une fois à les calmer. Enfin dans la nuit du 11 au 12 octobre 1492, une vigie placée à l'avant de l'un des trois bâtiments poussa tout à coup le cri de terre ! terre !

Qu'on juge de la joie qui dut inonder le cœur de tous ces hommes ! Depuis trente-cinq jours, ils naviguaient sur des flots inconnus, sans apercevoir autre chose que l'espace nu et sans limite des cieux et de la mer. Une si longue traversée était sans exemple, en un temps où les navires n'osaient presque jamais s'aventurer à une grande distance des côtes. Aussi n'en était-il peut-être pas un seul parmi eux qui, malgré la confiance qu'inspirait Colomb, ne se crût fermement perdu. Mais à la vue de la terre ils oublièrent en un instant leurs fatigues et leurs craintes.

Au jour levant, ils contemplèrent avidement cette terre qu'ils avaient seulement entrevue pendant la nuit. C'était une île couverte de verdure. Colomb en prit solennellement possession au nom du roi d'Espagne et lui donna le nom de *San-Salvador* en échange de celui de *Guanahani* sous lequel ses habitants la désignaient. Ceux-ci avaient paru d'abord très effrayés à la vue des Espagnols. Quand Christophe Colomb débarqua et planta dans le sol l'étendard aux couleurs de l'Espagne, ils s'enfuirent, mais comme on ne leur fit aucun mal, la curiosité les ramena bientôt.

On leur donna quelques pièces d'étoffe de couleur claire, des colliers de verre et d'autres bagatelles. Ces cadeaux dissipèrent leurs dernières inquiétudes, et bientôt ils devinrent si familiers que quelques-uns s'enhardirent jusqu'à monter à bord des bâtiments. Ils avaient la peau d'un rouge cuivré et marchaient complètement nus : leur principal ornement consistait en petites plaques d'or qu'ils portaient aux oreilles. Ils firent comprendre par signes que cet or leur venait d'un pays voisin situé à l'ouest de leur île.

Après avoir accordé à ses hommes plusieurs jours d'un repos qu'ils avaient si bien mérité, Christophe Colomb donna l'ordre de remettre à la voile et découvrit une grande île qu'on nomme *Cuba*. Elle appartient à l'archipel nommé aujourd'hui les *Antilles* et n'est pas très éloignée des rivages de l'*Amérique* centrale. Colomb crut reconnaître en elle une des îles de cet archipel de *Cipangu* dont parlait *Marco-Polo*. Il en était même si bien convaincu qu'il donna aux sauvages habitants de ce pays le nom d'*Indiens* qui leur a été conservé, et dont on ne comprendrait pas l'origine, si l'on ne savait que l'illustre navigateur génois cherchait et crut, jusqu'à sa dernière heure, avoir trouvé seulement une voie nouvelle pour parvenir aux Indes. Ainsi Colomb ne soupçonnait pas l'immensité de sa découverte : il ne

Christophe Colomb enchaîné.

se doutait pas que son génie avait révélé à l'Europe l'existence d'un *Nouveau Monde*.

Le 15 mars 1493, il rentra en Espagne. On l'accueillit avec des transports d'enthousiasme. La foule ne pouvait pas se lasser de contempler son visage : on interrogeait ses matelots, on leur faisait raconter le détail de ce merveilleux voyage. Il fallut bien croire aux étranges récits qu'ils en faisaient, quand on vit les sauvages, les oiseaux inconnus, les fruits et les plantes de toute espèce que Colomb avait eu soin de rapporter. Le roi et la reine assis sur un trône attendaient l'amiral dans une salle magnifiquement ornée : arrivé devant eux, il s'inclina et mit un genou en terre, mais le roi s'empressa de le faire asseoir à ses côtés, et de l'interroger.

Christophe Colomb fit encore trois voyages dans cette région des *Antilles* et put ainsi ajouter de nouvelles découvertes à celles qu'il avait déjà faites. Toutefois il ne parvint pas à rectifier l'erreur qu'il avait commise dès le principe, et crut jusqu'à son dernier jour qu'il avait seulement visité les côtes orientales de l'Asie. Un pilote du nom d'*Amerigo Vespucci* reconnut le premier toute la grandeur de la découverte de Colomb et déclara qu'il avait trouvé un nouveau continent. C'est là ce qui explique l'injustice qu'on a commise en nommant ce continent *Amérique* au lieu de *Colombie*.

Les dernières années de l'illustre navigateur furent tristes. Sa gloire avait excité l'envie au lieu de la désarmer. On dirigea contre lui d'odieuses calomnies qui furent malheureusement accueillies par le roi d'Espagne. Par son ordre, Christophe Colomb fut jeté dans un cachot et chargé de fers. Il parvint sans peine à confondre ses accusateurs, mais garda de l'injustice dont il avait été victime un souvenir amer qui sans doute abrégea ses jours. Il mourut en 1506, et voulut être enterré avec les chaînes qu'il avait portées dans sa prison.

LIVINGSTONE (1813-1873).

Notre siècle a le droit d'être fier des grandes découvertes géographiques qu'il a vues s'accomplir. Aux noms glorieux des Christophe Colomb et des Vasco de Gama nous pouvons opposer ceux de Livingstone et de Stanley.

David Livingstone naquit en *Écosse* le 19 mars 1813. Son père le fit entrer à dix ans dans une filature de coton où il était employé. L'enfant avait un vif désir de s'instruire : il acheta des livres, et commença seul à travailler, consacrant à l'étude tous les loisirs dont il pouvait disposer. A force de persévérance, il apprit ainsi le latin, le grec, la botanique, la géologie. A vingt-sept ans il put même subir avec succès les examens du doctorat en médecine. Le modeste ouvrier était devenu un savant.

Il était jeune encore quand, un jour, étudiant une carte de l'Afrique, il remarqua que le géographe avait laissé en blanc tout l'intérieur de ce vaste continent. Livingstone prit des informations, et apprit que le centre de l'Afrique était en effet complètement inconnu. A partir de ce moment, il fut possédé du désir d'explorer cette contrée mystérieuse. On savait seulement qu'elle était habitée par des peuplades sauvages, d'une extrême férocité ; que la religion était remplacée chez elles par la superstition la plus grossière ; que le cannibalisme, c'est-à-dire l'affreuse coutume de manger de la chair humaine, était presque partout pratiqué. Livingstone était un homme de bien qui compatissait à toutes les misères de ses semblables. Son cœur généreux fut séduit par la pensée d'introduire parmi ces malheureux sauvages les bienfaits de la religion et de la civilisation. Dès lors sa vie eut un but : il se donna la mission de pénétrer à tout prix dans les régions inconnues de l'Afrique centrale et de travailler pour la science en les explorant, pour l'humanité en tâchant de convertir au christianisme les barbares qu'il rencontrerait sur sa route.

Son premier soin fut de gagner par mer la colonie anglaise du *cap de Bonne-Espérance*, située à l'extrême sud du continent africain. De là il s'avança vers le nord, entra en plein pays nègre, et s'installa auprès d'un chef puissant afin d'apprendre la langue et les usages de la contrée. Ce chef rendit les plus grands services au docteur Livingstone et conçut bientôt pour lui une si vive affection, qu'il finit par se convertir au christianisme avec quelques-uns de ses sujets.

Après quelques mois de séjour dans cette région, Livingstone s'enfonça plus avant dans la direction du Nord, découvrit un grand lac nommé le lac *Ngami* puis un fleuve d'une largeur énorme, appelé le *Zambèze*, dont l'embouchure seule était connue des Européens. Enfin il arriva à la ville de *Saint-Paul de Loanda*, colonie portugaise située sur la côte de l'océan Atlantique. Là, il dut prendre cinq mois de repos pour se remettre des fatigues qui l'avaient accablé pendant un si long voyage, et se guérir d'une fièvre pernicieuse qu'il avait contractée en route.

Quand il fut rétabli, au lieu de revenir au Cap par la voie de mer, il conçut le projet d'exécuter une entreprise que nul voyageur n'avait encore osé tenter. Il se proposa de traverser de l'ouest à l'est toute la largeur du continent africain. Ce prodigieux voyage fut accompli aussi heureusement que le premier, grâce à l'indomptable énergie de l'explorateur. Ni les fièvres mortelles qui sévissent dans ces régions malsaines, ni les redoutables animaux, lions, éléphants, rhinocéros, panthères, serpents venimeux, que recèlent leurs vastes forêts, ni les mauvaises dispositions des peuplades nègres ne purent arrêter Livingstone. Après avoir visité les cataractes gigantesques où le Zambèze large de 1700 mètres s'engouffre dans une crevasse profonde de 138 mètres, l'infatigable voyageur arriva enfin à *Quilimané* sur l'océan Indien. Il avait donc réussi à traverser de part en part les contrées, inconnues avant lui, qui s'étendent au centre de l'Afrique.

Après avoir obtenu cet important résultat et enrichi

David Livingstone.

la science géographique de précieuses indications, Livingstone s'embarqua pour revenir en Angleterre où il rentra après seize années d'absence (1856). Les privations, les fatigues et les dangers bien loin d'avoir diminué son ardeur semblaient lui servir seulement de stimulant. Il profita de son séjour dans sa patrie pour organiser une nouvelle expédition.

Parti d'Angleterre au mois de mars 1858, il revint à l'embouchure du Zambèze, remonta ce fleuve, puis son affluent le *Chiré*, sur un petit bateau à vapeur qu'il avait ramené de Londres, et découvrit un grand lac, le *Nyassa*, large de 80 à 100 kilomètres, long de 320, profond de 18 à 200 mètres. Les rives de ce lac sont d'une admirable beauté ; on y voit se presser d'innombrables villages, peuplés par des nègres qui vivent du produit de la pêche. Au retour de cette exploration, Livingstone revint pour la seconde fois en Angleterre. Il y fut accueilli avec distinction et ne cessa, pendant toute la durée de son séjour, de recevoir les témoignages les plus flatteurs de l'admiration publique. Mais c'est en vain que ses parents et ses amis essayèrent de lui démontrer qu'il avait assez fait pour sa gloire et qu'il était temps de songer au repos. Dans son dernier voyage, Livingstone avait été témoin des scènes hideuses auxquelles donne naissance le commerce des esclaves dans l'Afrique centrale. Il avait vu les chefs des tribus nègres vendre leurs malheureux sujets à des marchands arabes venus de fort loin pour se livrer à cet ignoble trafic de la chair humaine. Le docteur voulait retourner dans les contrées où cette coutume barbare était en vigueur, et travailler de toutes ses forces à l'extirper. On voit qu'un généreux amour de l'humanité trouvait place dans le grand cœur de Livingstone à côté de l'amour de la science.

Il repartit donc en dépit de tous les effort qu'on fit pour le retenir, et quittant, le 19 mars 1866, l'île de *Zanzibar*, sur la côte orientale de l'Afrique, il reprit le chemin de l'intérieur du continent, en se dirigeant vers l'ouest. L'année suivante, il découvrit trois grands lacs : le *Tanganyka*, le *Moero* et le *Bangouelo*. Puis il tomba gravement malade, et près de trois années

s'écoulèrent sans qu'on sût ce qu'il était devenu.
Avait-il succombé à la fatigue, à la maladie ou aux

Henry Stanley.

attaques de quelque tribu nègre? Était-il prisonnier?
Nul ne le savait.

On se préparait à organiser en Angleterre une expédition pour aller à la recherche de l'illustre explorateur, quand un journaliste attaché à un grand journal américain, M. *Henry Stanley*, fut rappelé d'Espagne où il se trouvait alors, par un télégramme de son directeur qui venait d'arriver à Paris. Laissons Stanley raconter lui-même l'entretien d'une héroïque simplicité qu'il eut avec M. *Bennett* :

A trois heures j'étais en route. Obligé de m'arrêter à Bayonne, je n'arrivai à Paris que dans la nuit suivante. J'allai directement au Grand-Hôtel, et frappai à la porte de M. Bennett.

« Entrez, » dit une voix.

Je trouvai M. Bennett au lit.

« Qui êtes-vous? demanda-t-il.

— Stanley.

— Ah! oui. Prenez un siège; j'ai pour vous une mission importante »

Il se jeta sa robe de chambre sur les épaules, et me dit vivement :

« Où pensez-vous que soit Livingstone?

— Je n'en sais vraiment rien, monsieur.

— Croyez-vous qu'il soit mort?

— Possible que oui, possible que non.

— Moi, je pense qu'il est vivant, qu'on peut le trouver, et je vous envoie à sa recherche.

— Avez-vous réfléchi, monsieur, à la dépense qu'occasionnera ce voyage?

— Vous prendrez d'abord 25 000 francs; quand ils seront épuisés, vous ferez une traite d'autant, puis une troisième, et ainsi de suite; mais retrouvez Livingstone?

— Dois-je aller directement à la recherche de Livingstone?

— Non; vous assisterez à l'inauguration du canal de Suez. De là, vous remonterez le Nil. J'ai entendu dire que Baker allait partir pour la Haute-Égypte; informez-vous le plus possible de son expédition. En remontant le fleuve, vous décrirez tout ce qu'il y a d'intéressant pour les touristes, et vous nous ferez un guide — un guide pratique ; — vous direz tout ce qui mérite d'être vu et de quelle manière on peut le voir. — Vous ferez bien, après cela, d'aller à Jérusalem : le capitaine Warren fait, dit-on, là-bas des découvertes importantes ; puis, à Constantinople, où vous vous renseignerez sur les dissentiments qui existent entre le khédive et le sultan. — Après..... Voyons un peu. — Vous passerez par la Crimée et vous visiterez ses champs de bataille ; puis vous suivrez le Caucase jusqu'à la mer Caspienne : on dit qu'il y a là une expédition russe en partance pour Khiva. Ensuite vous gagnerez l'Inde, en traversant la Perse ; vous pourrez écrire de Persépolis une lettre intéressante. Bagdad sera sur votre passage ; adressez-nous quelque chose sur le chemin de fer de la vallée de l'Euphrate ; et quand vous serez dans l'Inde, embarquez-vous pour rejoindre Livingstone. A cette époque, vous apprendrez probablement qu'il est en route pour Zanzibar ; sinon, allez dans l'intérieur et cherchez-le jusqu'à ce que vous l'ayez trouvé. Informez-vous de ses découvertes. Enfin, s'il est mort, rapportez-en des preuves certaines. Maintenant bonsoir ; et que Dieu soit avec vous.

— Bonsoir, monsieur. Tout ce que l'humaine nature a le pouvoir de faire, je le ferai, ajoutai-je ; et, dans la mission que je vais accomplir, veuille Dieu être avec moi[1]. »

Stanley partit de *Zanzibar* dans les premiers jours de février 1871, avec une suite nombreuse de nègres qui portaient les vivres, les marchandises, les provisions de toute sorte nécessaires à une expédition si lointaine. La caravane s'avança droit dans la direction de l'ouest, recueillant sur sa route tous les renseignements qu'elle pouvait trouver sur Livingstone. Enfin,

---

1. H. Stanley, *Comment j'ai retrouvé Livingstone*. Lib. Hachette.

après plusieurs mois de marche, Stanley apprit que l'illustre voyageur se trouvait dans un village nommé *Oudjiji*, situé sur les bords du lac *Tanganyka*. Il s'y rendit en toute hâte, et son émotion fut profonde quand il aperçut Livingstone :

« *Tandis que j'avançais lentement, je remarquais sa pâleur et son air de fatigue. Il avait un pantalon gris, un veston rouge et une casquette bleue à galon d'or fané..... J'approchai d'un pas délibéré et dis en ôtant mon chapeau : « Le docteur Livingstone, je présume ? » — « Oui, » répondit-il en soulevant sa casquette et avec un bienveillant sourire. Nos têtes furent recouvertes et nos mains se serrèrent. « Je remercie Dieu, repris-je, de ce qu'il m'a permis de vous rencontrer. » — « Je suis heureux, dit-il, d'être ici pour vous recevoir*[1]. »*

Et l'entretien continua sur ce ton de simplicité. Livingstone raconta ses dernières explorations, les privations qu'il avait endurées, les souffrances de toute sorte qui l'avaient assailli. Son visage amaigri, ses mains tremblantes de fièvre, ses habits en lambeaux, tout parlait des cruelles épreuves qu'il avait traversées. Stanley ne pouvait se lasser de l'entendre et sentait grandir encore, en écoutant ce récit, l'admiration qu'il éprouvait pour cet homme si grand et si modeste. A son tour, il fallut que le nouveau venu satisfît la curiosité du docteur. Depuis six années, Livingstone n'avait pas eu de nouvelles de l'Europe : Stanley lui raconta les événements qui s'étaient accomplis pendant cette période. Puis il lui donna des vêtements, des provisions, quelques conserves de viande et de bouillon dont le docteur avait grand besoin. On but joyeusement une bouteille de champagne que Stanley avait apportée et qu'il réservait pour la circonstance. Le bon Livingstone ne pouvait se lasser de remercier l'homme énergique et courageux qui avait affronté tant de périls

---

1. H. Stanley, *Comment j'ai retrouvé Livingstone.*

Rencontre de Livingstone et de Stanley.

pour lui apporter les secours dont il avait si grand besoin.

Plusieurs jours se passèrent ainsi. Livingstone renaissait doucement à la vie. Quand il fut complètement rétabli, Stanley le supplia de reprendre avec lui le chemin de l'est, de revenir à Zanzibar pour rentrer de là en Europe. Mais le docteur ne voulut pas entendre parler de retour : il désirait achever une exploration qu'il avait commencée plusieurs mois auparavant à l'ouest du lac Tanganyka. Stanley revint donc seul, rapportant des lettres de Livingstone pour ses parents, et le volumineux journal où le docteur avait, pendant les dernières années, consigné jour par jour ses notes et ses observations sur les pays qu'il traversait. Le voyage de Stanley fut aussi heureux au retour qu'à l'aller. Il revint en Europe où l'on attendait impatiemment depuis près de deux ans le résultat de son expédition. On lui fit en France un accueil enthousiaste. Il n'en fut pas de même de l'autre côté de la Manche : les Anglais étaient irrités qu'un simple journaliste américain leur eût enlevé l'honneur de retrouver le grand voyageur. Ce dépit alla si loin qu'on osa accuser Stanley d'avoir menti impudemment dans la relation qu'il publia de son voyage; quelques écrivains poussèrent même la malveillance jusqu'à insinuer qu'il avait fabriqué lui même les lettres qu'il disait avoir reçues de la main de Livingstone. Stanley n'eut pas de peine à confondre ses calomniateurs.

Tandis que l'envie se déchaînait contre lui, et qu'on essayait de lui enlever la gloire d'avoir retrouvé et sauvé Livingstone, le docteur reprenait le cours de ses explorations et s'enfonçait de nouveau, comme il l'avait annoncé, dans la direction de l'ouest. Il arriva ainsi après plusieurs semaines de marche sur la rive du lac *Bangouélo*. Là, il fut assailli par des pluies torrentielles qui inondèrent tout le pays. Il fut obligé de s'arrêter dans un village où commandait un chef nègre qui l'accueillit avec bienveillance. Dans cette région malsaine il fut de

Dernier voyage de Livingstone.

nouveau visité par la fièvre. Ses forces déclinèrent rapidement : un jour vint où il ne put même plus écrire comme de coutume ses notes sur un carnet. Le 1ᵉʳ mai 1873, les serviteurs dévoués qui l'avaient accompagné entrèrent le matin dans la cabane qu'il habitait et le trouvèrent inanimé. Un accès de fièvre plus violent que les précédents l'avait emporté pendant la nuit.

On vit alors l'étendue du dévouement que Livingstone avait su par sa douceur et son inaltérable bonté inspirer à tous ceux qui l'approchaient. Ces serviteurs n'étaient que de pauvres nègres ignorants et grossiers. Cependant ils ne voulurent pas abandonner la dépouille de leur maître. Ils embaumèrent comme ils purent son cadavre, l'enveloppèrent dans un morceau d'étoffe, l'étendirent dans une sorte de litière suspendue qui avait déjà servi à porter le docteur dans les derniers jours de sa vie, quand l'épuisement rapide de ses forces lui rendait la marche trop pénible. De plus, ils recueillirent pieusement tous les objets qui lui avaient appartenu, ses armes, ses vêtements, ses papiers; puis il se mirent en route vers l'est, affrontant les dangers et les fatigues d'un voyage de plusieurs milliers de kilomètres, afin de pouvoir remettre les restes de Livingstone entre les mains de ses compatriotes. Sans doute, ils comprenaient confusément que leur maître était un grand homme, et que sa dépouille mortelle avait droit à une sépulture honorable.

La funèbre caravane n'arriva à Zanzibar qu'au mois de février de l'année suivante (1874). Le corps de l'illustre explorateur fut aussitôt livré au consul anglais qui réside dans cette île, et par les soins de cet agent, expédié en Angleterre. On fit à ce mort glorieux de splendides funérailles. Aujourd'hui les restes de Livingstone reposent dans l'abbaye de *Westminster*, sorte de Panthéon anglais, où les plus illustres personnages seuls obtiennent un tombeau.

Le peuple anglais s'est honoré lui-même en décernant ces honneurs extraordinaires à David Livingstone. Cet homme qui unissait à l'héroïsme une modestie et une simplicité vraiment admirables est une des figures les plus grandes et les plus pures de notre époque. Sa belle vie nous offre un modèle de toutes les vertus : amour ardent de la science et de l'humanité, courage indomptable, volonté de fer, persévérance, bonté, douceur inaltérable.

CHAPITRE VII.

GUERRES ET CONQUÊTES.

APERÇU GÉNÉRAL.

Depuis qu'il y a des hommes sur la terre, la guerre existe. Il est probable que nos premiers parents étaient continuellement en lutte les uns contre les autres et que, pendant bien des siècles, les forts ne se sont pas fait scrupule d'attaquer les faibles, soit pour les dépouiller, soit pour les réduire en esclavage. On peut raisonnablement supposer qu'il y eut un premier âge de l'humanité pendant la durée duquel la guerre sévit sans interruption, sous forme de combats livrés individu contre individu, famille contre famille, tribu contre tribu. On trouve encore aujourd'hui des ossements d'hommes primitifs qui portent la trace de blessures faites par les armes grossières qu'on employait alors, haches de pierre, flèches à pointe de silex, etc.

Un temps vint où les hommes cessèrent de vivre isolément, à la façon des bêtes fauves, et commencèrent à se grouper en peuplades. C'était une première ébauche de vie sociale : les mœurs s'adoucirent et les guerres furent moins fréquentes. Les individus, qui appartenaient à une même peuplade cessèrent de s'entre-détruire, et réservèrent leurs coups pour les membres de la peuplade voisine. C'était un premier progrès, une diminution de la tuerie générale.

Plus tard, de grands États se formèrent, la civilisation se développa, et la guerre devint un art, au lieu d'être ce qu'elle avait été pendant des siècles, le choc de masses désordonnées se ruant les unes contre les autres. Les *Égyptiens* et surtout les *Grecs* eurent des armées régulières. L'exemple de ces derniers luttant avec succès contre les Perses montra que la valeur et la discipline des soldats valent mieux que le nombre.

Les Romains donnèrent de nouveaux perfectionnements à l'art de la guerre, où ils se montrèrent supérieurs à tous les peuples de l'antiquité. Pendant plusieurs siècles, ils ne rencontrèrent pas un seul adversaire qui pût triompher de la solidité de leurs légions, et ils ne cessèrent d'être invincibles que le jour où la discipline et le patriotisme ne furent plus en honneur parmi leurs soldats.

Au moyen âge, il n'y eut plus d'armées régulières et permanentes. Tandis que chez les Grecs et chez les Romains des premiers temps de la République tout citoyen devait être soldat, les nobles seuls, à l'époque féodale, formèrent les armées et le service militaire fut regardé comme un privilège de l'aristocratie. Il en fut ainsi jusqu'au moment où les rois voulurent, dans l'intérêt de leur autorité, avoir à leur disposition des troupes plus dociles et mieux organisées. La création au quinzième siècle des armées permanentes, l'emploi de l'artillerie et des arquebuses, qui plus tard deviendront les fusils, marque une révolution importante dans l'art de la guerre. Le noble à peu près invulnérable jusqu'alors dans son épaisse armure est renversé par la balle ou le boulet comme un simple roturier. En même temps la guerre devient plus savante : la part de la valeur individuelle diminue; celle de la discipline augmente.

De nos jours, l'art de la guerre a subi une nouvelle transformation. Jadis, on avait de petites armées qui suffisaient aux exigences de la guerre telle qu'on la pratiquait alors. L'armée formait dans chaque Etat une sorte de corporation particulière. Elle avait pour mission de défendre au besoin l'honneur national, de même que la police a pour tâche de veiller au maintien de la tranquillité publique. La carrière militaire était un métier comme un autre. On entrait dans l'armée, de même qu'on se destinait à la magistrature ou à la diplomatie. Aujourd'hui tout a changé. Il s'est trouvé un peuple en Europe qui a imprimé à la guerre un caractère nouveau. On se battait autrefois souvent pour la gloire ou bien pour un bout de territoire, une ville, un district. La campagne finie, on signait la paix et tout était dit. Maintenant toute guerre est accompagnée d'une invasion. C'est une lutte à mort entre deux peuples : il faut vaincre ou périr. On sait que le vainqueur a des exigences terribles. La gloire ne lui suffit plus : il lui faut des sommes énormes, des provinces entières. Ce n'est plus la réputation militaire d'un pays qui est mise en jeu : c'est son existence même. La guerre a repris l'aspect sauvage, effroyable, qu'elle avait au temps où le grand empire fondé par les Romains fut assailli par les Barbares. La défaite n'est plus seulement une humiliation, c'est un fléau, c'est la ruine. Aussi, que s'est-il passé en Europe, quand on eut appris par les désastres de la France en 1870 qu'une ère nouvelle venait de s'ouvrir, et que le temps des luttes gigantesques du passé, peuple contre peuple, allait recommencer ? Tout le monde s'est senti menacé, chacun a tremblé pour sa patrie. L'exemple de la France vaincue ayant appris que l'ancienne organisation militaire ne suffisait plus, on a imité l'Allemagne, on a adopté le système en vertu duquel tout citoyen est au besoin soldat. C'est maintenant un principe universellement admis que tout homme valide doit le service militaire à sa patrie.

ALEXANDRE LE GRAND (356-323 av. J.-C.)

On a vu dans la biographie de *Démosthène* (page 13) que la Grèce était tombée, au quatrième siècle avant notre ère, sous la domination du roi de *Macédoine*, *Philippe*. Pour consoler les Grecs de la perte de leur indépendance, ce prince voulait entreprendre une grande expédition contre les *Perses*, peuple d'*Asie* qui avait un siècle auparavant esssayé de conquérir la Grèce. Philippe mourut assassiné avant d'avoir pu mettre ces projets à exécution. Il eut pour successeur son fils *Alexandre*.

Ce prince s'était fait remarquer dès sa jeunesse par un ardent amour de la gloire. Un jour on amena à la cour de son père un cheval nommé *Bucéphale*, que personne n'avait encore pu dompter. Aussitôt Alexandre saute sur l'animal fougueux, le maîtrise en dépit de ses ruades et de ses bonds désordonnés, puis après une course folle dans la campagne, le ramena docile et soumis. Le roi fut si fier du courage et de l'adresse dont Alexandre avait fait preuve en cette circonstance, qu'il s'écria : *Cherche un autre royaume, ô mon fils, le mien n'est déjà plus assez grand pour toi !*

Les dispositions héroïques de son âme impétueuse furent singulièrement favorisées par l'éducation qu'on lui donna. Un de ses précepteurs lui ayant fait connaître l'*Iliade* et l'*Odyssée* où Homère raconte les exploits et les aventures des anciens héros de la Grèce, Alexandre se prit d'une véritable passion pour cette mâle poésie. Il se proposa d'égaler *Achille* que le poète grec a représenté comme un modèle d'honneur, de générosité et de courage. Pour mieux lui ressembler, il voulut être sans rival dans tous les exercices du corps, et

bientôt il n'y eut pas dans toute la Grèce un athlète
capable de lui disputer le prix de la force ou de l'agilité.

Alexandre et son précepteur.

En même temps, il ornait son esprit de connaissances
utiles et sous la direction d'*Aristote*, le plus illustre

philosophe de l'antiquité (voir page 5), il étudiait
avec ardeur toutes les sciences connues alors. Quand
il devint roi en 336, Alexandre était merveilleusement
préparé, et par sa nature et par son éducation, à jouer
un grand rôle dans le monde.

Son premier soin en montant sur le trône fut de
châtier sévèrement les meurtriers de son père et de
comprimer les révoltes qui éclatèrent en Grèce à la
nouvelle de la mort de Philippe. La ville de *Thèbes*

Alexandre le Grand. (Visconti, Iconographie grecque.)

fut rasée de fond en comble ; la maison du poète *Pin-
dare* fut seule épargnée. Alexandre voulait montrer par
là qu'il savait garder jusque dans sa colère le respect et
l'admiration du génie.

Il s'occupa ensuite des préparatifs d'une grande
expédition contre la Perse, car il n'avait pas abandonné
le projet de venger sur cet empire affaibli les antiques
offenses de la Grèce. A la tête d'une armée d'élite,
Alexandre partit de Macédoine après avoir distribué à
ses amis tous ses biens personnels. « *Que gardez-vous*

donc? lui demandait-on. « *L'espérance,* » répondit le jeune héros.

Arrivé en Asie, il voulut voir les lieux que son poète favori avait chantés, et visita avec un pieux recueillement les ruines de *Troie* dont Homère a raconté le siège et la destruction dans son poème de l'*Iliade*. On lui montra le tombeau d'Achille : il le couronna de fleurs en s'écriant : « *Heureux Achille, d'avoir eu Homère pour chantre de ta gloire!* »

Sur les bords d'un petit fleuve nommé le *Granique*, les Macédoniens rencontrèrent l'armée que le roi des Perses, *Darius*, avait expédiée contre eux. Une bataille acharnée s'engage : Alexandre se précipite au milieu des ennemis, renverse tous ceux qu'il rencontre sur son passage, mais allait périr, frappé par derrière d'un coup de sabre, quand son ami *Clitus* le sauve en tuant le soldat perse qui menaçait le roi. Quelque temps après, l'armée ennemie était mise en pleine déroute.

Alexandre vainqueur n'hésite pas à s'enfoncer avec quelques milliers d'hommes au milieu de l'immense empire perse. Un jour, après une longue marche, il se jette tout couvert de sueur dans les eaux glacés d'un torrent. La fièvre se déclare bientôt et sa vie est en danger. Son médecin, *Philippe*, prépare une potion énergique qui doit dompter le mal. Au moment de la boire, Alexandre reçoit une lettre où son meilleur général, *Parménion*, l'engage à se défier de Philippe qui séduit, dit-on, par l'or de Darius, veut empoisonner son maître. Alexandre n'en veut rien croire, et d'une main présentant au médecin la lettre accusatrice, de l'autre il porte la coupe à ses lèvres, et la vide d'un trait, montrant ainsi, avec un courage plus rare et plus difficile que celui du champ de bataille, sa confiance en ses amis et sa foi dans la vertu.

En 333, il remporte une nouvelle victoire à *Issus*. La *phalange* macédonienne, épais bataillon hérissé de fer, enfonce et renverse tout devant elle. L'armée ennemie est exterminée et Darius n'échappe au vainqueur que par une fuite précipitée. Le camp des Perses

Bataille d'Arbèles. — Mosaïque trouvée à Pompéi, aujourd'hui au musée de Naples.

tomba au pouvoir des Macédoniens qui s'emparèrent

des immenses trésors qu'il contenait. La femme et la mère de Darius étaient au nombre des captifs. Alexandre donna une nouvelle preuve de sa grandeur d'âme en traitant ces malheureuses femmes avec toute la déférence que méritaient leur sexe, leur infortune et leur rang.

Après ce nouveau succès, le roi de Macédoine continua sa marche triomphante, et prit d'assaut, après un long siège, la ville de *Tyr* dont tous les habitants furent massacrés ou vendus comme esclaves en châtiment de leur résistance acharnée. Le conquérant pénétra ensuite en *Palestine* où il visita *Jérusalem*, en *Égypte*, où il fonda la ville d'*Alexandrie* qui ne tarda pas à prospérer grâce aux avantages de sa position. Alexandre revint ensuite sur ses pas pour en finir avec Darius qui essuya un troisième désastre à *Arbèles* et périt peu de temps après sous les coups d'un assassin. Ce misérable espérait se concilier ainsi la faveur du conquérant ; mais Alexandre, au lieu de se réjouir de cette mort, décerna au malheureux prince de splendides funérailles et fit mettre à mort le meurtrier.

La fin tragique de Darius laissait au roi de Macédoine l'empire de l'Asie. Il s'empara des grandes et riches cités de *Suze*, de *Babylone*, de *Persépolis*, d'*Ecbatane*, et distribua généreusement à ses soldats les immenses trésors qu'il y trouva. Malheureusement Alexandre, parvenu au comble de la gloire et de la puissance, se laissa enivrer par sa propre fortune. Les généraux macédoniens trouvèrent en lui un maître impérieux qui ne souffrait pas qu'on discutât ses ordres. La moindre résistance à ses volontés devint un crime que la mort seule pouvait expier. Dans un festin où le vin avait trop largement coulé, de vils flatteurs exaltaient Alexandre au point de le mettre au-dessus de ceux qu'on regardait comme les héros par excellence, *Castor* et *Pollux*, au-dessus même d'*Hercule*. Clitus, indigné, s'écrie qu'Alexandre n'a pas tout fait à lui seul, et qu'une bonne part de sa gloire appartient aux Macédoniens. Et, comme on rabaissait les actions de Philippe pour élever bien au-dessus d'elles les exploits de son fils, le vieux général ne garde plus de mesure : il commence l'éloge du père, fait la satire d'Alexandre, et, étendant le bras vers celui-ci : « *Sans le secours de ce bras*, lui dit-il, *tu périssais dès la journée du Granique.* » Ivre de vin et de colère, le roi ne se contient plus; il arrache une pique à un de ses gardes et en perce son sauveur, son ami. Dans cette généreuse nature, le repentir suivait de près la faute. On dit que, ses yeux se dessillant aussitôt, il tourna contre sa poitrine la pointe de l'arme et allait s'en percer lui-même, quand on l'arrêta. Pendant trois jours il demeura dans sa tente, sanglotant, appelant Clitus, se maudissant lui-même et refusant toute nourriture.

Après ce déplorable événement, Alexandre maître de l'empire des Perses tout entier voulut encore conquérir l'Inde. Il remporta de nouveaux succès et fonda encore deux villes dans cette région lointaine. Mais ses soldats effrayés de se voir entraînés par leur chef dans des contrées inconnues, et désireux de mettre en sûreté les richesses qu'ils avaient acquises, refusèrent de suivre l'infatigable conquérant jusqu'au *Gange*, où il voulait les mener.

Alexandre essaya vainement de vaincre leur résistance. Il fut obligé de donner, bien à regret, le signal du retour. L'armée épuisée de fatigue et cruellement éprouvée par les fièvres, rentra à *Babylone* après plusieurs mois de marche. Le roi de Macédoine s'arrêta enfin dans cette ville afin de veiller en personne à l'exécution de grands travaux qu'il avait ordonnés. Mais l'inaction pesait à cette nature ardente. Il songeait à entreprendre de nouvelles conquêtes, peut-être à soumettre l'Afrique comme il avait déjà soumis l'Asie, quand une mort prématurée vint le surprendre au milieu de ses vastes projets. Il n'avait que trente-trois ans ! (323 av. J.-C.).

Le nom d'Alexandre le Grand mérite une place d'honneur dans l'histoire. Parmi les conquérants, les uns comme le Hun *Attila* (400-453 après J.-C.) et le Mongol *Tamerlan* (1336-1405) furent de véritables fléaux pour l'humanité, et semblent n'avoir eu, en soumettant beaucoup de peuples à leur domination, que le désir d'assouvir une soif terrible de carnage et de destruction. D'autres au contraire, se sont inspirés d'une généreuse pensée, n'ont cherché à fonder de vastes empires que dans l'intérêt de la civilisation. Alexandre est du nombre de ceux-là. Le résultat de ses conquêtes a été d'arracher à l'isolement et à la barbarie les nations comprises dans l'immense empire des Perses, de préparer l'union du monde grec et du monde asiatique. Cela suffit à lui assurer la gloire durable que méritent les hommes dont le passage sur la terre a été marqué par d'éclatants services rendus à la cause de la civilisation.

ANNIBAL (247-183 av. J.-C.).

Annibal fut un des plus grands hommes de l'antiquité. Il naquit en 247 avant Jésus-Christ à *Carthage*, grande ville commerçante et maritime qui s'élevait dans le voisinage de l'emplacement qu'occupe aujourd'hui *Tunis*. Les Carthaginois étaient les ennemis des Romains; en effet chacun des deux peuples voulait dominer sur la *Méditerranée*. Une première fois déjà la guerre s'était engagée au sujet de la *Sicile*, grande île située entre l'*Italie* et l'*Afrique*. Les Carthaginois vaincus avaient été obligés de signer un traité humiliant. Mais ils avaient conservé de leur défaite un vif ressentiment, et n'attendaient qu'une occasion de la réparer.

Le père d'Annibal, *Amilcar Barca*, s'était particulièrement distingué dans cette guerre, qu'on a nommée la

première guerre punique. Les Romains avaient trouvé
en lui un adversaire d'autant plus redoutable, qu'il
mettait au service de sa haine contre eux des talents
militaires de premier ordre. Quand la paix eut été signée,

Annibal. (Buste du musée de Naples.)

il résolut de compenser la perte de la Sicile par la conquête de l'*Espagne*. Avant de partir pour cette expédition il offrit un sacrifice solennel aux dieux de sa
patrie. Sur le corps fumant des victimes qu'on avait
immolées suivant l'usage, il fit prêter à son fils, alors

âgé de neuf ans, un serment de haine éternelle contre les Romains. On verra qu'Annibal tint parole avec fidélité.

A la mort de son père, Annibal passa en Espagne et se rendit à l'armée qui pleurait encore son illustre chef. Les soldats carthaginois l'accueillirent avec des transports de joie. L'enthousiasme redoubla, quand on vit ce jeune homme de dix-huit ans braver le froid et le chaud, supporter la faim et la soif. Souvent, on le trouva aux avant-postes, couché sur la terre nue, dans un manteau de soldat. Nulle recherche dans ses vêtements : il n'avait de soin que pour son cheval et pour ses armes. Avec cela, le plus adroit des fantassins comme des cavaliers, et toujours le premier au combat. En un mot, il fut le meilleur soldat de l'armée avant d'en être le général. Il commença par obéir pour apprendre à commander.

Après avoir ainsi fait pendant trois années l'apprentissage de la guerre, Annibal obtint le commandement en chef de l'armée carthaginoise en Espagne. Son premier soin fut d'attaquer une ville alliée des Romains, *Sagonte*. Ceux-ci envoyèrent une ambassade à Carthage pour se plaindre de cette agression faite en pleine paix. Les députés furent introduits au milieu du sénat, et demandèrent réparation de l'outrage qu'Annibal avait fait au peuple romain. Comme la discussion se prolongeait, un des ambassadeurs, *Fabius*, relève un pan de son manteau et dit d'une voix menaçante : « *Je porte ici la paix ou la guerre : choisissez!* » — « *Choisissez vous-même!* » s'écria-t-on de toutes parts. — « *Eh bien! la guerre!* reprit Fabius ; et il laissa retomber sa toge, comme s'il secouait sur Carthage la mort et la destruction (219).

La guerre était donc décidée. Annibal au lieu d'attendre les légions romaines en Espagne résolut d'envahir l'Italie. Il franchit les *Pyrénées* à la tête de 60 000 hommes d'élite, traversa la France méridionale, nommée alors *Gaule*, passa le *Rhône* et arriva au pied des *Alpes*. Il eut beaucoup de peine à franchir ces hautes montagnes couvertes de neige : nombre de chevaux et de soldats roulèrent au fond des précipices ou furent engloutis par les avalanches.

Enfin, après avoir supporté mille fatigues et mille privations, l'armée carthaginoise descendit dans les riches et fertiles plaines de l'Italie. Les Romains accoururent à sa rencontre, mais essuyèrent trois sanglantes défaites. Ils essayèrent de les réparer en 216 à la grande bataille de *Cannes* : le génie d'Annibal triompha encore de leur courage. Ils laissèrent 70 000 hommes sur le champ de bataille; il y eut un si grand nombre de morts appartenant aux premières familles de Rome, que le général carthaginois put faire remplir un boisseau avec les anneaux d'or qu'ils portaient au doigt.

Après cette grande victoire, les Romains qui semblaient perdus, se sauvèrent à force de constance et de patriotisme. Tous les hommes en état de porter les armes s'enrôlèrent; les femmes reçurent l'ordre de s'enfermer dans leurs maisons afin de ne pas amollir le courage des guerriers par leurs lamentations; un ambassadeur envoyé par Annibal avec des propositions de paix ne fut pas même admis à paraître dans le sénat; enfin lorsque le général vaincu à Cannes se présenta aux portes de la ville, le sénat tout entier se porta à sa rencontre, et au lieu de le rendre responsable du malheur public lui fit une réception honorable. C'est ainsi qu'un grand peuple supporte les épreuves que la fortune lui envoie; c'est ainsi qu'avec de l'union, de la fermeté et du patriotisme, on répare jusqu'aux désastres qui d'abord pouvaient sembler irréparables.

Pendant que Rome offrait cet admirable exemple, Carthage au lieu de soutenir son glorieux général semblait l'abandonner. C'est en vain qu'Annibal demandait à sa patrie de faire un vigoureux effort qui lui permît de porter le dernier coup à la puissance romaine abattue : il n'obtenait ni l'argent ni les secours qu'il réclamait. « *Puisqu'Annibal a remporté de si grandes victoires,* disaient ses rivaux, *qu'a-t-il besoin d'assistance?* »

Le vainqueur de Cannes réduit à ses seules forces fit des prodiges pour continuer la lutte. Pendant plusieurs années, il promena la dévastation dans le sud de l'Italie, sans que les Romains qui avaient mis sur pied de grandes armées pussent avoir raison de leur invincible ennemi. Son habileté, ses ruses de guerre, la prodigieuse rapidité de ses mouvements, surtout l'admirable discipline et la valeur des soldats qui lui restaient, déjouaient tous les calculs des généraux romains. Le spectacle de ce duel acharné engagé par un si grand homme contre un si grand peuple est un des spectacles les plus étonnants que présente l'histoire.

Dix ans après la bataille de Cannes, en 207, les Carthaginois se décidèrent enfin à lui envoyer une armée de secours. Elle fut placée sous les ordres du frère même d'Annibal, *Asdrubal*, qui partit d'Espagne et pénétra en Italie par la route qu'avait suivie son aîné. Si les deux généraux carthaginois parvenaient à se rejoindre et à unir leurs troupes, c'en était fait sans doute des Romains. Mais dans ce grave péril, leur énergie ne se démentit pas. Tandis qu'une partie des forces dont ils disposaient, retenait Annibal dans le sud de l'Italie et l'empêchait de s'avancer à la rencontre de son frère, le reste marchait contre Asdrubal qui arrivait par le nord. Une grande bataille s'engagea sur les bords d'un fleuve nommé le *Métaure*. Ce fut pour les Romains la revanche de Cannes : toute l'armée d'Asdrubal fut détruite. Ce général lui-même fut atteint dans sa fuite et mis à mort. On lui coupa la tête et ce sanglant trophée fut jeté quelques jours après dans le camp de son frère. Annibal en le voyant s'écria : « *Je reconnais la fortune de Carthage !* »

Malgré ce grand désastre, il resta encore en Italie pendant cinq années, sans que les Romains parvinssent à l'en chasser. Pour l'obliger à en sortir, un grand général du nom de *Scipion* eut l'idée de faire une expédition contre Carthage même. Quarante mille Romains débarquèrent en Afrique sous ses ordres et

Carthage, menacée par cette armée, rappela aussitôt
Annibal. Celui-ci quitta en pleurant cette terre d'Italie
où il avait remporté de si beaux triomphes, et accourut

Lieu dit le Camp d'Annibal, près de Rome.
(D'après une estampe de la Bibliothèque Nationale.

à la défense de sa patrie, comme Scipion l'avait prévu.
Mais il revenait triste et découragé, assiégé de funestes
pressentiments. En débarquant sur la terre d'Afrique,
le premier objet qui s'offrit à sa vue fut un tombeau :

cette rencontre lui parut de mauvais augure. Pour la première fois, Annibal doutait de sa fortune.

Cependant au moment de livrer ce combat suprême de *Zama* qui allait décider du sort de sa patrie, Annibal retrouva toute son activité, tout son génie, et ne négligea rien de ce que lui avait enseigné une longue expérience des choses de la guerre. A l'avant-garde de son armée, il plaça quatre-vingts éléphants qui portaient des tours de bois, du haut desquelles des archers lançaient des traits. Ces colosses étaient dressés à combattre, et ce fut un spectacle effrayant, quand on les vit s'élancer sur les bataillons ennemis, la trompe haute, en faisant trembler la terre sous leurs pas pesants. Plusieurs fois déjà, Annibal avait employé avec succès les éléphants de combat. C'est à la terreur qu'ils avaient inspirée, qu'il devait ses premiers succès. Mais les Romains avaient appris depuis lors à éviter le choc de ces terribles animaux. Ils entr'ouvrirent leurs rangs pour les laisser passer, et les criblèrent d'une grêle de traits, puis reformèrent leurs lignes avec un ordre admirable, pendant que les éléphants, affolés par leurs blessures, se dispersaient au loin dans la plaine.

La bataille s'engagea alors avec furie, mais les Carthaginois étaient découragés par l'insuccès de la première attaque. Les Romains au contraire, pleins de confiance dans leur chef, combattaient avec l'ardeur de soldats qui veulent venger en un seul jour les humiliations et les désastres de plusieurs années. Pour la première fois, Annibal fut vaincu. Carthage dut accepter un traité ruineux qui la livrait à la merci de Rome. Malgré cette dure épreuve, Annibal resta fidèle au serment qu'il avait fait de haïr les Romains jusqu'au dernier jour de sa vie. Réduit à quitter sa patrie pour ne pas leur être livré, le grand homme, poursuivi par leurs émissaires, s'empoisonna en disant avec un sourire amer : « *Délivrons les Romains de leurs terreurs !* »

JULES CÉSAR (101-44 av. J.-C.).

Jules César, illustre général romain, conquérant de la *Gaule*, homme d'État éminent et écrivain de premier ordre, naquit en 101 avant notre ère.

La République romaine était alors profondément troublée par la rivalité du parti populaire et du parti aristocratique. Le premier voulait modifier l'ancienne constitution en étendant les droits du peuple, le second défendait énergiquement les privilèges de la noblesse. Bien que César fût de naissance illustre, il s'appliqua dès sa jeunesse à flatter le parti populaire, afin de combattre l'influence de *Pompée* que les rebelles avait pris pour chef.

Bientôt il ne fut bruit dans Rome que de la générosité, du faste, de l'esprit et des talents du jeune ambitieux. Il dépensait avec une insouciante prodigalité la grande fortune qu'il possédait : comme s'il eût compté sur les richesses du monde, il jetait l'or à pleines mains, et conviait le peuple à des fêtes splendides. Fier, actif, il avait sans hauteur blessante le génie du commandement. Ses amis l'avaient vu pleurer devant une statue d'*Alexandre* en répétant : « *A mon âge il avait conquis le monde et je n'ai encore rien fait.* » Un autre jour, traversant un pauvre village, il s'écria : « *J'aimerais mieux être le premier ici que le second dans Rome.* » Dans un voyage sur mer, il fut fait prisonnier par des pirates qui demandèrent une grosse somme d'argent pour sa rançon. « *Vous en aurez le double*, leur dit-il, *mais je vous ferai pendre.* » A peine remis en liberté, il arma à ses frais plusieurs vaisseaux, poursuivit les corsaires et les fit mettre à mort comme il l'avait annoncé. Il était facile de reconnaître à ces traits une âme ardente, impérieuse et prédestinée aux grandes choses.

A quarante-deux ans, les suffrages du peuple l'investirent du *consulat* qui était chez les Romains la plus haute magistrature de la République. Pour entretenir sa popularité, il prodigua au peuple les jeux et les spectacles, et obtint, en sortant de charge au bout d'un an, le gouvernement d'une province du nord de l'Italie, voisine de la Gaule.

On appelait alors *Gaule* le pays que nous nommons la *France*. Il était compris entre les *Alpes*, le *Rhin*, l'*océan Atlantique*, les *Pyrénées* et la mer *Méditerranée*. Sur ce vaste territoire vivait une population de cinq ou six millions d'hommes dont l'humeur belliqueuse était un objet d'effroi pour les peuples voisins. Nos pères, les Gaulois, aimaient passionnément la guerre et les aventures. « *Race indomptable*, disait d'eux un écrivain de l'antiquité, *ils font la guerre non seulement aux hommes, mais à la nature et aux dieux. Ils lancent des flèches contre le ciel quand il tonne ; ils prennent les armes contre la tempête ; ils marchent l'épée à la main, au-devant des fleuves débordés ou de l'Océan en courroux.* » Ainsi, la première mention consacrée par l'histoire à nos ancêtres est un hommage rendu à leur courage. On sait de plus qu'ils étaient hospitaliers, généreux, qu'ils avaient un goût très vif pour l'éloquence, et méprisaient la mort au point de se présenter parfois au combat la poitrine nue. Ils étaient aussi, malheureusement, querelleurs et fanfarons, aussi prompts au découragement qu'à l'espérance, plus capables d'héroïsme que de persévérance. Qualités ou défauts, on retrouve donc en eux plusieurs traits de notre caractère national.

Ces terribles batailleurs, toujours en quête d'aventures et de butin, avaient plus d'une fois franchi les frontières de leur pays. En 390 avant Jésus-Christ, ils pénétrèrent en Italie, écrasèrent une armée romaine qui voulut les arrêter sur les bords de l'*Allia*, prirent et détruisirent Rome. Les Romains avaient conservé le souvenir de ce grand désastre. Ils se souvenaient aussi que beaucoup de

Gaulois avaient pris du service dans les armées d'*Annibal*; de sorte qu'ils gardaient contre eux un profond ressentiment. César pensa avec raison que le meilleur

Jules César. — Musée de Naples. Buste colossal provenant de la collection Farnèse, regardé comme un des portraits authentiques de César.

moyen d'augmenter sa popularité était d'achever la conquête de la Gaule dont la partie méridionale appartenait depuis plusieurs années déjà aux Romains. La gloire dont il se couvrirait en réduisant au rang de sujets ces vieux ennemis de sa patrie, lui faciliterait l'accès du pouvoir.

Il profita donc de la première occasion qui se présenta pour intervenir dans les affaires des Gaulois, toujours en guerre les uns contre les autres. Pendant neuf années de 59 à 50 avant Jésus-Christ, le général romain appliqua toutes les ressources de son génie militaire, toute la valeur et toute la discipline de ses légions, à dompter la résistance acharnée des Gaulois. Quand on lit, dans les fameux *Commentaires* qu'il rédigea lui-même, le récit de ces laborieuses campagnes, on ne sait ce qu'il faut admirer le plus, la persévérance, l'activité, les merveilleuses combinaisons du chef romain, ou le courage héroïque de ses adversaires. Ce qui perdit les Gaulois, ce fut le défaut d'union. Les différentes tribus étaient ennemies les unes des autres, et les antiques rivalités qui les divisaient, rendirent impossible l'effort général qui peut-être les aurait sauvées. C'est en vain qu'un jeune noble du pays des *Arvernes*, nommé *Vercingétorix*, véritable héros en qui brillaient toutes les vertus, le courage, la générosité, la grandeur d'âme, parvint à unir tous ses compatriotes dans une vaste coalition contre l'ennemi commun. Quand cette lutte suprême s'engagea (52) il était trop tard. Plusieurs armées gauloises avaient été déjà détruites; les soldats romains pleins de confiance en leur chef se croyaient invincibles. Les derniers défenseurs de l'indépendance de la Gaule, enfermés avec *Vercingétorix* dans *Alesia*, y soutinrent un siège fameux qui termina la guerre. La Gaule vaincue, épuisée d'hommes, était à la merci des Romains. César usa habilement de sa victoire, et montra autant de modération et de clémence après la paix, qu'il avait déployé d'énergie pendant la guerre. La Gaule devint une des provinces de l'empire romain et reçut de ses vainqueurs, en échange de l'indépendance qu'elle avait perdue, les bienfaits de la civilisation.

César avait consacré neuf années à cette guerre. Mais

Vercingétorix se rendant à César.

pendant qu'il parcourait à la tête de ses légions les
parties les plus reculées de la Gaule, à Rome, ses amis
et ses partisans ne cessaient d'entretenir le peuple de
ses merveilleuses victoires. L'absence et l'éloignement
n'empêchaient donc pas son nom de grandir : on admi-
rait, on bénissait l'invincible général qui vengeait sur
un peuple détesté les antiques outrages infligés aux Romains, et mettait le territoire italien à l'abri de nouvelles invasions. En même temps des troubles éclataient
à Rome ; l'ancienne constitution républicaine n'était
plus respectée ; on violait ouvertement les lois, et beaucoup de gens commençaient à penser que, pour mettre
un terme à tous ces désordres, le meilleur et le plus sûr
moyen était de confier le pouvoir suprême, la *dictature*,
au personnage qui était alors le plus influent et le plus
populaire, à César.

Les nobles alarmés à la pensée d'avoir pour maître un
homme qui avait toujours cherché son appui dans le
parti populaire, essayèrent d'opposer au conquérant de
la Gaule *Pompée*, général ambitieux et indigne de sa
grande réputation. Celui-ci, qui s'était abord uni étroi-
tement à César, rompit brusquement avec son ancien
ami quand il crut pouvoir se passer de lui. César reçut
l'ordre de renoncer au gouvernement de sa province
et d'abandonner le commandement de l'armée avec laquelle il venait d'accomplir tant d'exploits.

A cette provocation imprudente, le conquérant répondit par un coup d'audace. Contrairement à la loi, il
franchit le fleuve nommé *Rubicon* en disant : « *Le sort
en est jeté* », et marcha droit sur Rome à la tête de ses
légions dévouées. Pompée, le sénat, les partisans de la
constitution que César venait de violer et qu'il allait
bientôt détruire, furent pris au dépourvu par la rapidité
foudroyante de cette marche. Ils s'enfuirent, tandis que
leur adversaire entrait dans Rome et se faisait proclamer
dictateur par le peuple.

Maître de l'Italie, de l'Espagne, où il détruisit deux
armées restées fidèles à Pompée et au sénat, César fran-

chit la mer *Adriatique* et écrasa ses ennemis à la bataille de *Pharsale*. Quelque temps avant cette victoire, il s'était aventuré dans une barque à une assez grande distance des côtes. Tout à coup une tempête s'élève, de grosses vagues menacent la faible embarcation et le pilote éperdu déclare qu'il ne peut plus diriger son bateau. « *Que crains-tu?* lui dit le général ; *tu portes César et sa fortune!* »

Après la mort de Pompée qui périt misérablement en Egypte sous le fer d'un assassin, César remporta deux nouvelles victoires qui mirent fin la guerre et le laissèrent tranquille possesseur du pouvoir. Un de ses derniers adversaires avait été le fameux *Caton*. C'était un homme de mœurs austères et de vertu rigide. Il s'était attaché au parti de Pompée parce qu'il voyait en ce général le défenseur de la constitution républicaine menacée par César. Quand il sut que tout était perdu, Caton pensa qu'il ne lui restait plus qu'à mourir. Il mit ordre à ses affaires, dit adieu à ses amis et à son fils, puis s'étendant sur son lit il lut un ouvrage de *Platon* (voir page 5) sur l'immortalité de l'âme. Il s'interrompit après quelques pages, chercha son épée, et, ne la trouvant pas, appela ses esclaves pour la leur demander; il frappa l'un d'eux si violemment que sa main en fut ensanglantée. Son fils entra fondant en larmes avec ses amis. Caton se leva alors et lui dit d'un ton sévère : « *Tu m'enlèves mes armes pour me livrer sans défense: que ne me fais-tu lier aussi les mains derrière le dos? Ai-je besoin d'un glaive pour m'ôter la vie?* » On lui envoya son épée par un enfant :«*Maintenant je suis mon maître,* » dit-il. Alors il reprit le *Phédon*, le relut deux fois en entier, et s'endormit d'un profond sommeil. Comme les oiseaux commençaient à chanter, il se réveilla, prit son épée et se l'enfonça au-dessous de la poitrine. En luttant contre la douleur, il tomba de son lit. A ce bruit, on accourut : les entrailles lui sortaient du corps, et il regardait fixement. La blessure cependant n'était pas mortelle. Un médecin la banda, mais, dès qu'il eut repris ses sens, il arracha l'appareil, rouvrit la plaie et expira sur le champ.

« *O Caton*, s'écria César en apprenant cette fin, *tu m'as envié la gloire de te sauver la vie !* »

Cependant la République romaine avait un maître. Sous le titre de dictateur, César cachait un pouvoir vraiment royal. Il conserva le sénat, cette grande assemblée qui depuis des siècles dirigeait les affaires publiques, mais il eut soin de n'y laisser entrer que des hommes dévoués à sa fortune.

Quelques partisans de l'ancienne forme de gouvernement gémissaient en secret et parlaient tout bas de tyrannie : mais la grande majorité du peuple romain approuvait sans réserve la révolution qui venait de s'accomplir.

Le dictateur voulut plus encore. Le titre de roi tentait son ambition. Pour le mériter, il comptait sur le prestige de la gloire militaire, et songeait à entreprendre de nouvelles expéditions contre les ennemis de Rome. C'est alors qu'une conspiration redoutable fut formée contre lui. Elle eut pour principaux chefs des hommes que César avait comblés de ses bienfaits, *Brutus* entre autres, le neveu de Caton, qui semblait avoir hérité des vertus de son oncle, de son austérité et de son dévouement aux vieilles institutions.

César informé qu'on tramait un complot contre lui ne voulut pas croire aux avis qui dénonçaient Brutus. « *Brutus*, dit-il en se touchant, *attendra bien la fin de ce corps misérable.* » Le 15 mars 44 avant Jésus-Christ, les conjurés se rendirent de bonne heure au sénat avec des poignards cachés sous leurs vêtements. Quand le dictateur parut, ils s'avancèrent à sa rencontre comme pour le saluer, et se placèrent à ses côtés. Soudain, l'un d'eux tire son arme et frappe un premier coup. César blessé à l'épaule saisit fortement la main du meurtrier en criant : « *Scélérat ! que fais-tu ?* » Tous alors se précipitent sur lui et le percent avec rage. On dit qu'il essaya d'abord de se défendre, mais qu'en

voyant Brutus parmi les assassins il cessa de lutter et
se couvrit la tête d'un pan de sa toge en prononçant
avec une tristesse déchirante ces paroles : « *Toi aussi,
mon fils !* »

Ce meurtre lâche et odieux ne devait pas profiter à la
cause au nom de laquelle le crime avait été commis.
Quelques années plus tard, César trouvait un successeur
dans *Auguste*, et la République romaine était définiti-
vement remplacée par l'Empire. Quant aux assassins du
dictateur, ils périrent plus misérablement encore que
leur illustre victime, sans laisser comme elle un nom qui
éveille l'admiration et la sympathie de la postérité.

MAHOMET[1] (570-632).

Les *Arabes* appartiennent à la même race que les
Juifs. Six cents ans après Jésus-Christ, les populations
de l'Arabie n'avaient pas d'autre religion qu'une grossière idolâtrie. Dans la ville de *la Mecque* s'élevait un
temple nommé la *Câbah*, qui renfermait plus de trois
cents idoles, objet d'une vénération universelle. La plus
respectée de toutes était une certaine pierre noire qu'un
ange avait, disait-on, apportée du ciel. Les Arabes s'in-
clinaient devant elle, lui adressaient des prières, la sup-
pliaient d'exaucer leurs vœux. Cette superstition ridicule avait fait de tels progrès, que tous les ans des
milliers de pèlerins traversaient les déserts, bravaient

1. On place ici la biographie de Mahomet, bien qu'il n'ait été, à
proprement parler, ni un grand capitaine ni un conquérant, comme
le furent les personnages dont on raconte la vie dans ce chapitre.
La fondation d'un immense empire par les Arabes n'en a pas moins
été le résultat de la prédication de l'Islam : on s'est cru autorisé
par là à inscrire le grand nom de Mahomet dans le chapitre consacré aux guerres et aux conquêtes.

les fatigues et les dangers d'un long voyage pour venir
prier dans la Câbah.

Un homme s'indigna de voir ses compatriotes accepter la honte d'un culte aussi déraisonnable. *Mahomet*
était né en 570. Il appartenait à une des plus nobles
familles de l'Arabie. Étant tombé dans la misère, il fut
obligé, pour gagner sa vie, de se faire conducteur de
chameaux, et voyagea pendant plusieurs années avec les
caravanes qui parcouraient les déserts de l'Arabie. Il se
trouva ainsi en rapports avec des gens de tous pays et
de toutes religions, avec des juifs et des chrétiens, et
les entretiens qu'il eut avec eux le confirmèrent dans
sa résolution de donner à ses compatriotes une religion
plus élevée et plus pure.

Il ne communiqua d'abord ses projets à personne.
Seulement, on le voyait tous les ans se retirer sur une
montagne déserte, et l'on apprit qu'il passait là des
journées et des nuits entières dans le silence et la méditation.

Après avoir longuement réfléchi aux moyens d'assurer
le triomphe de ses idées, il commença à prêcher aux
Arabes la foi en un Dieu unique, qu'il nommait *Allah*.
Pour donner plus d'autorité à ses paroles, il déclara
qu'un ange descendait du ciel, s'entretenait familière-
ment avec lui et lui révélait les vérités qu'il annonçait
ensuite. Mahomet parlait avec une si merveilleuse éloquence de la grandeur, de la toute-puissance et de la
bonté de Dieu, il flétrissait avec tant d'indignation le
culte des idoles de bois et de pierre, qu'il eut bientôt
un grand nombre de disciples. Il donna à la nouvelle
religion le nom d'*Islam*, c'est-à-dire obéissance aveugle
à la volonté de Dieu. C'est en vain que les adorateurs
des idoles essayèrent d'arrêter par la force les progrès
des partisans de Mahomet, ou *musulmans*. Ceux-ci
triomphèrent de leurs ennemis dans plusieurs batailles,
s'emparèrent de la Mecque, détruisirent les idoles de
la Câbah et consacrèrent à Allah le temple purifié.
Quand Mahomet mourut, en 632, l'islamisme régnait

Mahomet.

sans partage dans toute l'Arabie, et bientôt il allait en sortir pour se répandre victorieusement dans l'Afrique et dans l'Asie. Aujourd'hui, la religion dont Mahomet fut le fondateur est pratiquée par deux cent millions d'hommes.

Les préceptes de Mahomet ont été réunis dans un livre nommé le *Coran*, pour lequel les musulmans professent un respect aussi profond que les chrétiens pour la *Bible*. Le Coran enseigne qu'il n'y a qu'un seul Dieu, dont la puissance est infinie. « *C'est lui qui fait descendre du ciel l'eau bienfaisante ; il est le dispensateur de tout bien ; il sait ce qui est passé, ce qui doit arriver, ce que renferme le cœur de l'homme, et les secrets de l'avenir.* » Il dit aussi que les hommes vertueux iront, après le jugement dernier, dans un lieu de délices, véritable paradis, où les élus se promèneront à l'ombre de grands arbres, dans des jardins pleins de fleurs et d'oiseaux. Les méchants, au contraire, seront précipités dans un enfer où les plus cruels supplices leur seront infligés. Pour mériter le paradis, un bon musulman doit faire au moins cinq prières par jour, jeûner à certaines époques de l'année, donner des aumônes aux indigents. « *La prière*, disait Mahomet, *nous conduit à moitié chemin de la divinité ; le jeûne nous mène aux portes de son palais ; les aumônes nous y font entrer.* » Il recommandait également le respect du serment, la haine de l'hypocrisie, de la médisance et du vol, la douceur avec l'orphelin et le pauvre, la piété filiale. « *Un fils*, a-t-il dit, *gagne le paradis aux pieds de sa mère.* » Il interdisait formellement l'usage du vin et des liqueurs, mesure très sage, car sous le ciel de feu de l'Arabie le moindre excès de boisson devient funeste.

On voit que la religion fondée par Mahomet contient des enseignements très élevés et très purs, et qu'elle est sur plusieurs points d'accord avec le christianisme. C'est le plus grand éloge qu'on puisse en faire. Malgré la vénération que les Arabes, ses compatriotes, professaient pour lui, Mahomet n'a jamais cherché à faire croire qu'il fût plus qu'un homme. Il disait seulement qu'il était un prophète, c'est-à-dire un envoyé de Dieu, chargé par Allah d'enseigner la vérité. Quand on lui demandait de faire des miracles, il répondait que ce don ne lui avait pas été accordé, modestie d'autant plus remarquable, qu'il reconnaissait à Jésus-Christ ce même pouvoir surnaturel.

CHARLEMAGNE (768-814).

Après avoir été conquise par *Jules César*, la Gaule fit pendant plus de quatre cents ans partie de l'Empire romain. Mais cet empire fut au commencement du cinquième siècle après Jésus-Christ envahi par des peuplades barbares que les légions ne surent pas repousser, car les soldats romains n'avaient plus alors le patriotisme et la discipline qui les avaient si longtemps rendus invincibles. La Gaule fut comme les autres provinces la proie des envahisseurs. Les *Francs*, peuplade guerrière venue de la *Germanie* ou *Allemagne*, occupèrent la partie septentrionale de notre pays. Sous leur roi *Clovis*, qui se convertit au catholicisme, les Francs achevèrent la conquête de la Gaule. En 732, ils repoussèrent sous la conduite d'un vaillant chef, *Charles-Martel*, une invasion des *Arabes* qui, après avoir conquis le nord de l'*Afrique* et l'*Espagne*, venaient de passer les *Pyrénées*. Vingt ans après, le fils de Charles-Martel, *Pépin le Bref*, devint roi des Francs en 752. Son successeur fut le fameux *Charlemagne* ou Charles le Grand.

Le règne de ce prince est un des plus longs et des plus importants que l'histoire connaisse. Il ne dura pas moins de quarante-six années, de 768 à 814. Il fut rempli par de grandes guerres et de grands travaux d'organisation, qui valurent à Charlemagne la double gloire du conquérant et du législateur.

La Gaule était séparée de la Germanie, patrie originaire des Francs, par un fleuve large et profond, le *Rhin*. Tandis que les Francs avaient adouci la rudesse de leurs mœurs au contact de la civilisation romaine qui florissait en Gaule, quand ils conquirent ce pays, les autres tribus germaines toujours établies sur la rive droite du Rhin étaient encore plongées dans la plus grossière barbarie. Les *Saxons*, surtout, se faisaient remarquer par la férocité de leurs mœurs. Au fond de leurs épaisses forêts, entrecoupées de marécages, ils se livraient à leurs plaisirs favoris, la chasse et la guerre. Leur religion n'était qu'un ensemble de superstitions sanguinaires ; souvent ils immolaient des victimes humaines sur les autels de leur principal dieu nommé *Odin*.

Les Saxons étaient pour les Francs de redoutables voisins, car tentés par la fertilité des pays situés sur l'autre rive du Rhin, ils essayaient souvent de franchir le grand fleuve, afin de mettre au pillage les villes et les villages qu'ils apercevaient de loin.

C'est contre ce peuple que Charlemagne entreprit une série d'expéditions qui ne devaient pas remplir moins de trente-deux années (772-804). Le but qu'il se proposa fut humain et généreux : il voulait arracher les populations de la Saxe à leur barbarie. Mais les moyens qu'il employa furent cruels : toute rébellion, tout soulèvement furent comprimés avec une inexorable rigueur. C'est en vain que *Witikind* essaya de prolonger la lutte. Ce vaillant chef fut obligé de se soumettre après avoir été pendant plusieurs années l'âme de la résistance. Charlemagne imposa aux Saxons vaincus l'obligation de recevoir le baptême. La religion lui paraissait en effet un puissant instrument de civilisation. Des églises, des monastères s'élevèrent sur l'emplacement que les forêts occupaient jadis. La Saxe sortit ainsi des mains de son vainqueur domptée et

Charlemagne imposant le baptême aux Saxons.

chrétienne, partagée en huit évêchés, couverte de cités nouvelles, et ce pays jusqu'alors barbare et païen put bientôt prendre rang parmi les nations civilisées.

Charlemagne fit encore plusieurs autres expéditions en Germanie. Il vainquit les *Bavarois* et les *Avars*. Au sud des Pyrénées, l'Espagne occupée par les *Visigoths* à l'époque des invasions, avaient été trois siècles plus tard, en 711, conquise par les *Arabes*. Charlemagne voulut aussi intervenir dans les affaires de ce pays, et il réussit à ranger sous sa domination un assez vaste territoire correspondant en partie à la *Catalogne* actuelle. C'est dans une des campagnes qu'il fit au sud des Pyrénées que périt le fameux *Roland*. La légende s'est emparée de ce nom. Elle a fait de Roland un héros dont la force et le courage étaient extrordinaires. Son épée, *Durandal*, fendait le roc, et les montagnards montrent encore dans les Pyrénées une brèche énorme entre deux hautes masses de granit : c'est Durandal, disent-ils, qui a fait cette ouverture. Plus tard, les merveilleux exploits de Roland furent célébrés par les poètes. Un de ces poèmes est resté fameux sous le nom de *Chanson de Roland ;* c'est un des plus vieux monuments de la langue française.

En l'an 800, Charlemagne se trouvait maître de la France, de l'Allemagne, des trois quarts de l'Italie, d'une partie de l'Espagne. Il avait augmenté de plus d'un tiers, l'étendue des pays que son père lui avait laissés. Ces vastes possessions n'étaient plus un royaume, mais un empire. Il crut avoir assez fait pour placer sur son front la couronne impériale. Le pape *Léon III* consulté par Charlemagne, comme *Zacharie* l'avait été jadis par Pépin, accorda son concours avec empressement. Le roi des Francs se rendit donc à Rome, et le jour de Noël de l'an 800, reçut des mains du pontife la couronne d'empereur d'Occident.

Charlemagne ne fut pas seulement un grand conquérant. Il sut donner une organisation remarquable au vaste empire qu'il avait fondé. Son autorité

Charlemagne dictant ses Capitulaires.

s'étendait sur la Gaule tout entière, de la mer du Nord
à la Méditerranée, du Rhin aux Pyrénées. Il était
encore maître d'une grande partie de la Germanie
(Allemagne), d'une partie de l'Italie et d'une partie de
l'Espagne.

L'empire se divisait en *comtés*, administrés par des
personnages appelés *comtes*. L'empereur les choi-
sissait lui-même. Ils rendaient la justice, percevaient
les impôts, et faisaient régner l'ordre sur tout l
territoire qu'ils administraient.

Il y avait en outre des inspecteurs ou envoyés
royaux, en latin *missi dominici*, qui quatre fois l'an
parcouraient les provinces, écoutaient les plaintes des
habitants, réformaient les abus et rendaient à l'empereur un compte exact de ce qu'ils avaient vu ou entendu.

Deux fois chaque année, il y avait des assemblées
générales auxquelles prenaient part les principaux seigneurs de l'empire. L'empereur assistait régulièrement
à ces assemblées. Il parcourait la foule, causait familiè-
rement avec tous ceux qu'il rencontrait. C'était pour
lui un moyen de se tenir au courant de tout ce qui se
passait, car il trouvait là des gens venus des extrémités
de l'empire. Les renseignements qu'ils lui donnaient
suppléaient aux informations que la poste et les télégra-
phes nous transmettent si promptement aujourd'hui.

Charlemagne fit preuve d'une infatigable activité
dans l'administration de son empire. Il promulgua un
grand nombre de lois, nommées *capitulaires*, qu'il
rédigeait lui-même et portait ensuite à la connaissance
des seigneurs et du peuple dans les assemblées générales. Dans ses capitulaires, l'empereur règle l'organisation des finances et du service militaire. Il fixe des
peines sévères contre le vol et combat la mendicité.

D'importants travaux furent accomplis sous ce règne.
Un pont fut construit sur le Rhin, à *Mayence*; des
églises et des palais s'élevèrent à *Aix-la-Chapelle*,
résidence favorite de l'empereur.

Charlemagne n'était guère plus instruit que les

hommes de son temps. C'est à peine s'il savait le latin, et l'on n'est pas bien sûr qu'il ait jamais été en état d'écrire. Mais ce génie puissant, quoique barbare encore, comprenait à merveille les avantages de l'instruction. Aussi le voit-on créer des écoles, jusque dans son propre palais. Il surveillait lui-même les travaux des élèves, s'intéressait à leurs progrès, et adressait des paroles sévères aux jeunes nobles qui ne faisaient pas preuve d'une application suffisante. « *Vous comptez*, leur dit-il un jour avec colère, *sur les services de vos pères ; mais sachez qu'ils ont été récompensés, et que l'État ne doit rien qu'à celui qui mérite par lui-même.* »

Depuis que l'empire romain avait succombé sous les coups des barbares, la civilisation avait fait un pas en arrière. Pendant quatre siècles, les arts, les sciences, les lettres avaient été complètement délaissés. Plus de culture intellectuelle : l'ignorance était générale et profonde. Charlemagne eut l'honneur d'attirer auprès de lui, d'encourager puissamment les rares personnages qui eussent conservé quelque tradition de la civilisation antique. Au premier rang brillent *Alcuin* et *Eginhard* qui a laissé une *Vie de Charlemagne*. C'est un livre précieux, grâce aux nombreux renseignements qu'il nous donne sur le grand empereur et son époque.

Le 28 janvier 814, Charlemagne mourut, après avoir glorieusement rempli comme on vient de le voir, son long règne de quarante-six années. C'est avec raison que l'histoire salue en lui un des plus grands hommes qui aient jamais paru sur la terre.

Un récit du moine de Saint-Gall[1] montre l'idée qu'avaient de sa puissance, sinon les contemporains, du moins la génération qui leur succéda. Charlemagne arrive par delà les Alpes pour combattre le roi des Lombards. Didier est sur les murs de Pavie avec le comte

---

1. Le moine de Saint-Gall écrivit, en 884, à la demande de l'empereur Charles le Gros, les *Faits et gestes de Charlemagne*.

Ogger, qui a fui pour éviter le châtiment de quelque
faute, et il contemple avec effroi l'armée des Francs qui
s'approche. « D'abord il ne voit qu'un épais nuage de
poussière ; ce sont les machines de guerre qui vont
battre les murs de sa cité royale. « Voilà Charles,
s'écrie Didier, avec cette grande armée. — Non, dit
Ogger. Alors apparaît la troupe immense des sim-
ples soldats. « Assurément, Charles s'avance triomphant
au milieu de cette foule. — Pas encore, » répond Ogger.
Cependant on découvre le corps des gardes, vieux
guerriers qui ne connaissaient jamais de repos. « Pour
le coup c'est Charles, s'écrie Didier, plein d'effroi. — Non
reprend Ogger, pas encore. » A la suite viennent les
évêques, les abbés, les clercs de la chapelle et les
comtes. Alors Didier crie en sanglotant : « Descendons
et cachons-nous dans les entrailles de la terre, loin de
la face d'un si terrible ennemi. — Quand vous verrez
la moisson s'agiter d'horreur dans les champs, dit
Ogger, alors vous pourrez croire à l'arrivée de Charles. »
Il n'avait pas fini ces paroles, qu'on commença de voir
au couchant comme un nuage ténébreux soulevé par le
vent du nord-ouest, qui convertit le jour en ténèbres.
Mais l'empereur approchant un peu plus, l'éclat des
armes fit luire sur Pavie un jour plus sombre que
toute nuit. Alors parut Charles lui-même, tout couvert
d'une armure de fer, la main gauche armée d'une lance,
la droite étendue sur son invincible épée ; Ogger le
reconnaît, et, frappé d'épouvante, il chancelle et tombe
en disant : « Le voici ! »

TURENNE (1611-1675).

Parmi les hommes de guerre qui se sont le plus distingués à la tête des armées française, Turenne mérite

Turenne enfant dormant sur un affût de canon.

une place à part. Il ne se contenta pas d'être un grand
général : il fut un modèle de toutes les vertus.

Henri de la Tour d'Auvergne, vicomte de *Turenne*, naquit en 1611 à *Sedan* dans une famille déjà illustre et qui devait l'être plus encore grâce à lui. Au dix-septième siècle, la carrière militaire était la seule qu'on jugeât digne d'un fils de grand seigneur. Le commerce, l'industrie, la magistrature, étaient abandonnés aux bourgeois. Quant au peuple, il se livrait presque exclusivement aux travaux des champs. Turenne fut donc destiné de bonne heure au métier des armes. Mais sa constitution délicate et faible inspirait de vives inquiétudes à son père. Le duc de Bouillon se disait avec douleur qu'un corps si frêle ne pourrait jamais supporter les mille fatigues de la guerre. L'enfant eut quelque soupçon de ces craintes paternelles, et, pour les dissiper, il s'avisa de passer toute une froide nuit d'hiver sur les remparts de Sedan, sans abri, sans feu. Après l'avoir longtemps cherché, son précepteur finit par le trouver, dormant sur l'affût d'un canon. Interrogé sur les motifs de cette singulière escapade, il déclara qu'il avait voulu prouver à son père qu'il était assez robuste pour devenir plus tard un bon soldat. On ne s'attendait pas à trouver tant de résolution et d'énergie dans un enfant de dix ans. Le duc de Bouillon n'eut pas le courage de gronder trop sévèrement un fils qui témoignait déjà un si grand amour pour la carrière où l'on souhaitait de le voir entrer.

Turenne reçut l'éducation qu'on donnait aux jeunes nobles de son temps. L'histoire surtout le charmait. Il aimait à lire les récits de la vie des grands hommes, comme s'il s'était senti quelque secrète parenté avec eux. L'écrivain latin *Quinte-Curce*, qui a raconté la vie de plusieurs personnages de l'antiquité, était son auteur favori. Il prenait un plaisir infini à lire et à relire la biographie d'Alexandre le Grand. Quand il racontait quelqu'une des grandes actions accomplies par son héros de prédilection, son visage s'animait, ses yeux lançaient des éclairs. Un officier s'avisa de tourner un jour en dérision cet enthousiasme enfantin. Il préten-

dait, en présence de Turenne, que l'histoire de Quinte-
Curce n'était qu'un roman, et que les personnages dont

Le prince de Condé.

il raconte la vie n'avaient jamais existé que dans son
imagination. L'enfant entre aussitôt dans une violente
colère contre le railleur. Il ne parlait de rien moins que

de répondre à ses sarcasmes par une provocation en règle, et l'on eut peine à lui faire comprendre qu'on ne se battait pas en duel à douze ans, même pour une cause aussi respectable que la défense de Quinte-Curce.

En même temps qu'on ornait son esprit de connaissances utiles, on ne négligeait pas l'éducation physique du jeune Turenne. Il montait à cheval avec une si rare perfection, qu'il put un jour renouveler l'exploit de son cher Alexandre, et dompter un poulain aussi ombrageux que *Bucéphale* lui-même (Voir page 133).

En 1643, à trente-deux ans, Turenne avait déjà donné de telles preuves de son génie militaire, qu'il fut nommé maréchal de France et mis à la tête d'une armée française qui opérait en Allemagne contre les Autrichiens et leurs alliés les Bavarois. Turenne fut bientôt rejoint par le prince de *Condé*. C'était un jeune homme de vingt-trois ans, plein de résolution et de fougue, qui dès sa première apparition sur les champs de bataille, s'était montré l'égal des plus grands hommes de guerre. Pour son coup d'essai, il venait de détruire à *Rocroi* une armée espagnole qui envahissait le royaume (1643). Son génie différait de celui de Turenne, sans toutefois le dépasser. Son audace allait jusqu'à la témérité. Il aimait à tenter des entreprises impossibles, à heurter de front les obstacles, et trouvait en présence de l'ennemi de si merveilleuses inspirations, que tout finissait par céder devant lui. Il était aussi prodigue du sang des soldats, que Turenne en était économe. Mais il ne ménageait pas plus sa vie que celle des autres. Maintes fois on le vit au milieu de la mêlée, ivre de carnage, l'épée nue à la main et renversant tout ce qui s'offrait à ses coups. Ses yeux lançaient alors de tels éclairs, son visage avait une expression si terrible que les plus braves fuyaient à son approche.

Les deux généraux français remportèrent les victoires décisives de *Fribourg* et de *Nordlingen*. Après ces grands succès, Turenne resté seul en Allemagne se couvrit de gloire dans une série de campagnes mémora-

bles, et l'Autriche vaincue se décida enfin à mettre un
terme à cette longue guerre dite *guerre de Trente*

Turenne.

ans, en nous cédant par le traité de *Westphalie* (1648)
l'*Alsace* que nous avons gardée jusqu'à la date maudite
de 1871.

Turenne joua ensuite un rôle dans les troubles qui éclatèrent en France après la signature de ce traité. Défenseur du jeune roi *Louis XIV*, de la reine-mère *Anne d'Autriche* et du ministre *Mazarin*, contre les Parisiens et les nobles révoltés, le maréchal eut à combattre le prince de Condé qui avait pris parti pour les rebelles. Pendant la dernière période de cette guerre civile, qu'on nomme la *Fronde*, Turenne rendit d'éclatants services à la cause royale, et répara noblement la faute qu'il avait commise en s'unissant d'abord aux mauvais citoyens qui n'hésitaient pas à bouleverser l'État et à s'allier aux Espagnols, nos ennemis, afin d'arracher le pouvoir au ministre Mazarin.

Plus tard enfin, quand le roi Louis XIV après avoir déclaré la guerre aux Hollandais eut à lutter contre une coalition redoutable, le maréchal de Turenne fut envoyé en Alsace (1674) pour défendre cette province contre une grande armée ennemie. Ainsi, le même homme dont les victoires nous avaient valu trente ans auparavant cette précieuse acquisition, recevait la mission de la conserver à la France.

Turenne justifia pleinement la confiance que le roi lui témoignait dans ces circonstances critiques. Par ses savantes manœuvres, il força l'ennemi, qui déjà occupait la province, à repasser précipitamment le Rhin, laissant en Alsace soixante mille morts, blessés, ou prisonniers. Quand on apprit en France cette délivrance d'une province que l'on croyait perdue, la joie et l'enthousiasme éclatèrent de toutes parts. Le roi manda le maréchal à sa cour, afin de le féliciter et de le remercier de vive voix. Turenne partit aussitôt pour Paris. Tout ce voyage ne fut qu'une ovation triomphale. Les populations des provinces voisines de l'Alsace se portaient en foule sur son passage pour contempler de près le héros qui venait de leur épargner les maux d'une invasion. Les habitants de la Champagne, qui avaient été plus particulièrement menacés, accouraient de vingt lieues à la ronde et comblaient le grand homme de bénédictions. On lui prodiguait les noms de sauveur, de libérateur ; les femmes pleuraient de joie et tendaient vers lui leurs petits enfants, comme pour attester qu'elles ne devaient qu'à lui seul la conservation d'existences si chères. On vit venir de bien loin des vieillards soutenus par leurs fils : ils n'avaient pas voulu mourir sans apercevoir les traits du grand homme qui venait d'assurer le repos de leurs derniers jours.

A Paris, Louis XIV le reçut avec des témoignages d'estime et de bienveillance dont il n'avait encore honoré personne. La population de la grande ville lui prodigua les marques du plus ardent enthousiasme. On s'arrêtait dans les rues pour le voir passer ; il ne pouvait plus paraître en public sans que la foule s'amassât autour de lui, pleurant de joie et d'admiration. Certes, si le sentiment du bien accompli, si la conscience des services rendus est la plus douce satisfaction des grandes âmes, celle de Turenne dut être délicieusement émue par ces touchantes démonstrations de la reconnaissance publique. Après quelques jours de repos, il revint à l'armée où sa présence était encore nécessaire, car les Autrichiens nos ennemis avaient réuni de grandes forces sous le commandement d'un général dont la réputation égalait presque celle de Condé et de Turenne, le comte de *Montecuculli*.

Les deux adversaires restèrent en présence pendant plus de six semaines sans engager une action décisive. Les chefs des deux armées se connaissaient, s'estimaient, se craignaient mutuellement. Ni l'un ni l'autre n'osait attendre la victoire des fautes de son rival : chacun ne comptait que sur son propre génie. L'Europe suivait avec anxiété les péripéties de ce grand duel, et bien que la guerre fût alors générale, bien que d'illustres capitaines se trouvassent ailleurs aux prises, elle concentrait son attention sur ce coin de terre. Enfin, Montecuculli se décida à battre en retraite : Turenne prit aussitôt l'offensive, poursuivit l'ennemi, et le 26 juillet 1675 les deux armées arrivèrent auprès d'un petit village où les Français s'arrêtèrent avec l'intention de livrer bataille le lendemain. Le maréchal se croyait sûr de la victoire. Il disait d'un air joyeux à ses officiers : « *C'en est fait, je tiens l'ennemi; il ne pourra plus m'échapper et je vais recueillir le fruit d'une si pénible campagne.* » Quelques instants après qu'il eut prononcé ces paroles, un de ses lieutenants le prie de venir examiner l'emplacement d'une batterie. Il s'approche; tout à coup on le voit chanceler sur sa selle et tomber. Un coup de canon tiré au hasard venait de partir du camp ennemi. Le boulet coupe le bras de l'officier d'artillerie *Saint-Hilaire*, et frappe le maréchal en pleine poitrine. Le fils de Saint-Hilaire, présent à cette scène, sanglotait, croyant son père mortellement blessé. Celui-ci, de la main qui lui reste, montre le corps inanimé de Turenne et dit : « *Ce n'est pas moi qu'il faut pleurer, c'est ce grand homme!* » Le général ennemi s'honora également par de nobles paroles : « *Il vient de périr*, dit-il, *un homme qui faisait honneur à l'humanité.* » Quant à nos soldats, ils se montraient inconsolables de la perte de leur chef : « *Qu'on nous mène au combat*, disaient-ils, *nous voulons venger notre père.* » Et quelque temps après, lorsqu'il fallut battre en retraite, ils disaient avec amertume : « *Lâchez la Pie, elle nous conduira!* » C'était le cheval que Turenne montait ordinairement.

Les événements qui suivirent prouvèrent que la mort de Turenne était un véritable désastre, et qu'il eût mieux valu pour nous perdre une bataille que ce grand homme. Les ennemis chassés de l'Alsace y pénétrèrent de nouveau. Il fallut que Louis XIV envoyât contre eux le prince de Condé qui les repoussa.

Pendant ce temps, le cercueil qui contenait le corps de Turenne était ramené en France. On rendit à ces restes d'un héros des honneurs inaccoutumés. Si la douleur de tout un peuple donne à des funérailles un caractère plus imposant que toutes les pompes imaginables, ce suprême hommage ne manqua pas à Turenne. La

Mort de Turenne.

France entière pleura sa perte. Quand la funeste nouvelle parvint à Paris, la grande cité parut aussitôt en proie à la consternation. Les artisans interrompent leur travail et se répandent dans les rues. Des groupes se forment. On cause à voix basse de ce malheur public. On en raconte les circonstances, on veut en connaître le moindre détail. Dans les provinces les plus éloignées, l'émotion fut profonde. Le roi s'honora lui-même par la douleur qu'il témoigna. Afin de donner une preuve éclatante de son estime et de sa reconnaissance pour Turenne, il voulut non seulement que ses restes reposassent dans l'abbaye de Saint-Denis, mais même qu'on les ensevelît dans la chapelle réservée à la sépulture des rois et des membres de la famille royale.

Turenne méritait ces suprêmes témoignages d'admiration. Sa vie consacrée tout entière au service de la patrie reste pour nous un haut et salutaire exemple. Le grand homme de guerre dont les talents loin de faiblir avec l'âge semblèrent grandir jusqu'à l'heure de sa mort; ce héros en qui le génie, la naissance, les titres excluaient ni la modestie, ni la bonté, mérite de prendre place au milieu des plus grandes figures de notre histoire nationale.

CHAPITRE VIII.

PATRIOTISME.

APERÇU GÉNÉRAL.

Le patriotisme est l'amour de la patrie.

L'histoire démontre avec la plus complète évidence que le patriotisme seul a fait les grands peuples. Aussi loin que nous puissions remonter dans le passé, nous voyons que les nations puissantes ont été celles où chaque citoyen était pénétré du sentiment de ses devoirs envers la patrie. La décadence de la Grèce et de l'Empire Romain n'a pas eu de cause plus efficace que la diminution du patriotisme. En des temps plus rapprochés du nôtre, ce même sentiment a inspiré une foule d'actions héroïques. Montagnards suisses luttant au moyen âge contre les empereurs d'Allemagne ou contre le puissant duc de Bourgogne Charles le Téméraire; Hollandais conquérant leur indépendance à force d'héroïsme, et faisant reculer devant leurs milices inexpérimentées les troupes réputées invincibles de Philippe II; Polonais vingt fois écrasés et relevant vingt fois le drapeau de leur unité nationale; Américains arrachant à l'Angleterre au prix de leur sang une paix qui leur donnait l'indépendance; Français, enfin, mettant quatorze armées sur pied pour résister à l'Europe conjurée contre la Révolution, toutes ces grandes choses, l'amour de la patrie pouvait seul permettre de les exécuter. Est-il donc rien de plus respectable qu'un sentiment pareil, rien de plus saint qu'une passion qui dans tous les temps et chez tous les peuples a fait accomplir des miracles d'abnégation et de dévouement?

Aujourd'hui, plus que jamais, le patriotisme nous est nécessaire, car c'est lui qui, uni à la discipline, rend les armées invincibles.

———

BIOGRAPHIES.

JEANNE D'ARC (1409-1431).

Notre pays n'a jamais traversé de plus cruelles épreuves que dans les premières années du quinzième siècle.

Si l'on veut avoir une idée exacte de la situation de la France au début du règne de *Charles VII*, il faut écouter les paroles d'un écrivain de ce temps. Voici le tableau qu'il trace de Paris : « *Vous auriez entendu dans toute la ville les lamentations pitoyables des petits enfants qui criaient : « Je meurs de faim ! » On voyait sur un fumier vingt, trente enfants, garçons et filles, qui rendaient l'âme de faim et de froid. La mort taillait tant et si vite, qu'il fallait faire, dans les cimetières, de grandes fosses où on les mettait par trente et quarante, arrangés comme lard et à peine poudrés de terre. Ceux qui faisaient les fosses affirmaient qu'ils avaient enterré plus de cent mille personnes. Des bandes de loups couraient les campagnes et entraient même la nuit dans Paris pour enlever les cadavres. Les laboureurs quittaient leurs champs et se disaient entre eux : « Fuyons aux bois avec les bêtes fauves ; remettons-nous en la main du diable. »*

Si la capitale présentait un tel spectacle, qu'on juge de ce qui devait se passer dans les provinces ! Jamais la misère n'avait encore été si profonde. Depuis le traité de Troyes, on ne savait même plus qui était le

Jeanne d'arc entendant ses voix.

traité de Troyes, on ne savait même plus qui était le

vrai roi. Le pauvre Charles VII, le roi national, le roi
français, ne voyait son autorité reconnue que dans le
centre de la France et dans une partie du Midi. Les
Anglais, enorgueillis par leurs victoires, se croyaient
déjà maîtres de toute la France. Ils donnaient par dérision à Charles VII le nom de *roi de Bourges*. Jamais
notre pays n'avait été plus près d'une ruine complète.
Heureusement, au milieu de toutes ces misères, le patriotisme commençait à grandir dans le cœur de nos
ancêtres. La haine de l'Anglais leur enseignait peu à
peu l'amour de la patrie : c'est ce sentiment nouveau
qui allait sauver la France. Il trouva sa plus sublime
expression dans une admirable fille que nous devons
tous vénérer et chérir, *Jeanne d'Arc*.

Elle était fille d'un paysan de *Domrémy*, entre la
Champagne et la Lorraine. La guerre, les blessures, les
incendies, tel fut le premier spectacle offert à ses yeux.
A mesure qu'elle grandissait, se développait en elle un
sentiment de pitié profonde pour le pauvre jeune roi
Charles VII, injustement dépouillé de son héritage. A
ce sentiment de pitié, se joignait en elle un sentiment
de haine contre les Anglais qu'elle regardait comme
les auteurs de tous ces maux qui accablaient la France
et son roi légitime.

Jeanne était arrivée à l'âge de quatorze ans quand
elle entendit pour la première fois ce qu'elle appela
dans la suite *ses voix*. Se trouvant un jour d'été, sur le
midi, dans le petit jardin de son père, elle aperçut tout
à coup au milieu des arbres une grande lumière, et
entendit une voix mystérieuse qui lui disait : « *Jeanne,
va délivrer le roi de France et lui rendre son royaume.* » A partir de ce jour, les apparitions merveilleuses
se reproduisirent fréquemment. Elle crut voir l'ar-
change saint Michel, sainte Catherine et sainte Mar-
guerite, qui toujours lui parlaient de sauver la France
et le roi. Les voix ajoutaient que l'aide du ciel ne lui
ferait pas défaut. Jeanne dès lors ne douta plus de sa
mission providentielle.

Elle voulait partir aussitôt pour aller touver le roi.
Mais son père au premier mot qu'elle prononça la traita
de folle et refusa net son consentement. La pauvre
fille, bien désolée de cette résistance, se rendit alors
dans un village voisin, à *Vaucouleurs*, chez un de ses
oncles. Cet homme fut convaincu et déclara qu'il

Entrée de Jeanne d'Arc à Orléans.

croyait à la mission de sa nièce. Plusieurs hommes du
village furent également touchés par la conviction profonde qui animait Jeanne. Le sentiment public lui
devint bientôt si favorable que *Baudricourt*, capitaine
qui commandait à Vaucouleurs une petite troupe
française, finit par lui donner ce qu'elle demandait,
c'est-à-dire une épée, et six hommes d'armes pour lui

servir d'escorte. Les gens de Vaucouleurs se cotisèrent pour lui acheter un cheval et une armure. Elle coupa donc ses longs cheveux, revêtit des habits d'homme et partit.

Le but de son voyage était *Chinon*, où se trouvait alors Charles VII. Elle y parvint sans accident, fut reçue par le roi, et celui-ci touché de son héroïsme et de sa conviction, lui donna les quelques centaines de soldats qui lui suffiraient, disait-elle, pour délivrer Orléans. A Chinon comme à Vaucouleurs, le peuple s'était pris d'un grand enthousiasme pour Jeanne d'Arc, et la regardait comme une libératrice envoyée par le ciel pour le salut de la France. Cette confiance fut pour beaucoup dans les succès étonnants qu'elle remporta, car le découragement fit place dans le cœur des Français, à cette ardeur qui emporte tous les obstacles.

Le 29 avril 1429, Jeanne d'Arc entra avec une petite armée et des vivres dans Orléans assiégé par les Anglais. L'ennemi épouvanté n'avait même pas essayé de l'arrêter au passage, car, si aux yeux des Français, Jeanne était déjà bien près de passer pour une sainte, les Anglais, au contraire, la regardaient comme une *sorcière*, c'est-à-dire comme une envoyée du diable. Leur effroi était tel, qu'ils abandonnèrent plusieurs positions qu'ils occupaient autour de la ville, et concentrèrent leurs forces dans les deux forteresses ou *bastilles des Augustins* et des *Tournelles*.

Il fallait les chasser de là. Le 6 mai, Jeanne s'avance contre la bastille des Augustins avec ses soldats pleins d'enthousiasme. Elle plante sur le bord du fossé son étendard aux fleurs de lis, et en quelques instants la forteresse est prise et détruite. Le lendemain toute l'armée et toute la population d'Orléans se portent avec ardeur contre la bastille des Tournelles. Jeanne applique, la première, une échelle aux remparts et monte à l'assaut. Une blessure la renverse toute sanglante, mais ce spectacle excite la fureur de ses soldats. Les Tournelles sont emportées après un combat terrible.

Jeanne d'Arc blessée au siège d'Orléans.

On tue impitoyablement tous les Anglais. *Glasdale*, le chef qui se promettait de tout massacrer dans Orléans, tombe à l'eau et sa lourde armure l'entraîne bien vite au fond de la Loire où il se noie. Orléans était délivré : Jeanne d'Arc avait exécuté sa promesse.

La nouvelle de la délivrance d'Orléans fut accueillie avec des transports de joie. Jeanne profita d'un nouveau succès qu'elle remporta à *Patay*, pour conduire le roi à *Reims* où il fut sacré solennellement. Elle déclara alors que sa mission était terminée, et voulut retourner dans son village : « *J'ai fait*, disait-elle, *ce que mes voix m'ordonnaient de faire. Laissez-moi revenir auprès de mon vieux père.* »

On la retint contre son gré, dans la crainte que son départ ne diminuât l'ardeur des soldats. Quelque temps après, elle fut blessée d'une flèche sous les murs de Paris, qu'elle ne réussit pas à enlever aux Anglais. A peine guérie, elle essaya de délivrer la ville de *Compiègne*, mais dans un combat, elle fut renversée de cheval, faite prisonnière et livrée aux Anglais.

La pauvre fille se trouvait donc entre les mains de ses mortels ennemis. Ceux-ci ne cachaient ni leur joie, ni l'intention qu'ils avaient de la faire périr. Pour ne pas avouer qu'ils avaient été tant de fois battus par une femme, les Anglais prétendaient que Jeanne avait employé contre eux des *sortilèges*, c'est-à-dire qu'elle s'était fait aider par le diable. On croyait beaucoup dans ce temps-là à la *sorcellerie*, ou art d'entrer en relation avec les *démons* et d'employer à son gré la puissance redoutable dont ils disposaient. Cet art, nommé aussi *magie*, avait ses règles, ses préceptes. Il était condamné par l'Église qui envoyait au bûcher quiconque était convaincu ou seulement soupçonné de s'y adonner. Les Anglais eurent la perfidie insigne d'intenter à Jeanne un procès de sorcellerie.

On la conduisit à Rouen, alors occupé par l'ennemi, et on la fit paraître devant des juges décidés d'avance à la déclarer coupable, afin de complaire aux Anglais.

Mort de Jeanne d'Arc.

Ils essayèrent de l'embarrasser par des questions difficiles. Mais elle répondit toujours avec autant de bon sens que de fermeté : « N'avez-vous pas dit que les étendards faits par les hommes d'armes à la ressemblance du vôtre, leur porteraient bonheur ? » *Non, je disais seulement : Entrez hardiment au milieu des Anglais et j'y entrais moi-même.* — Pourquoi votre étendard fut-il porté à l'église de Reims, au sacre, plutôt que ceux des autres capitaines ? — *Il avait été à la peine, c'était bien raison qu'il fût à l'honneur?* — Dieu hait-il les Anglais? — *De l'amour ou haine que Dieu a pour les Anglais, je n'en sais rien ; mais je sais bien qu'ils seront mis hors de France, sauf ceux qui y périront!*

C'est ainsi que l'admirable fille répondait à ces juges indignes. Cette pauvre enfant ignorante, abandonnée de tous, même de ce roi qu'elle avait sauvé, trouvait dans son grand cœur, dans son ardent amour de la patrie, l'inspiration de ces éloquentes répliques. Retenons pieusement ces nobles paroles ; jamais le patriotisme n'a parlé un langage plus ferme et plus élevé.

Elle n'en fut pas moins condamnée à être brûlée vive, sans que cette affreuse sentence puisse être expliquée par un motif autre que la haine furieuse des Anglais. Il faut malheureusement ajouter qu'un Français, l'évêque de Beauvais, *Pierre Cauchon,* se fit en cette circonstance l'instrument des rancunes de l'ennemi contre Jeanne d'Arc. C'est ce misérable qui, dans l'espoir d'obtenir du roi d'Angleterre l'archevêché de Rouen, accepta la honteuse mission de diriger ce procès infâme. C'est lui qui osa déclarer que Jeanne avait manqué aux lois de l'Église. C'est lui qui vendit le sang de cette innocente et livra cette sainte fille au bras du bourreau : que le nom de ce mauvais Français, de ce mauvais prêtre, de ce mauvais juge, soit à jamais maudit !

On dressa sur la place du Vieux-Marché, à Rouen, une immense bûcher. Au sommet de cette énorme pile de bûches de fagots, se dressait un poteau avec des

chaînes pour attacher Jeanne. En face, des estrades
avaient été dressées. Beaucoup d'Anglais y prirent
place, afin de pouvoir savourer à leur aise le hideux
spectacle. On amena Jeanne sur une charrette, entourée
de soldats armés. Elle arriva au pied du bûcher, toujours courageuse, mais émue cependant à la pensée
d'une mort si prochaine et surtout si cruelle. Afin de
prolonger son supplice on ordonna à un prédicateur
renommé de lui faire un sermon. Elle l'écouta patiem-
ment. On lui fit gravir ensuite le bûcher, le bourreau
lia ses membres au poteau, et on mit le feu, pendant
qu'un moine murmurait des paroles d'encouragement à
son oreille. Quand elle vit la flamme, elle eut peur,
non pour elle, mais pour le moine, et le pria de descendre. Au milieu des tortures de cet affreux supplice,
Jeanne n'eut pas un moment de défaillance. Elle avait
seulement poussé un grand cri et demandé de l'eau
bénite, quand la flamme pour la première fois toucha
son corps. Son dernier mot fut « Jésus! »

BAYARD (1476-1524).

Au nombre de nos figures nationales les plus pures,
il faut ranger *Bayard*, ce héros qui mérita par son courage, sa loyauté, son désintéressement, le beau surnom
de Chevalier sans peur et sans reproche.

Il était originaire du Dauphiné, pays âpre et monta-
gneux, où vit une race énergique, pleine de fierté et
de bravoure. Bayard reçut l'éducation qu'on donnait
aux jeunes gentilshommes de son temps : l'escrime,
l'équitation n'eurent bientôt plus de secrets pour lui.
On pensait alors que le développement du corps doit
aller de pair avec le développement de l'intelligence,
et que des membres souples et vigoureux sont aussi

nécessaires à l'homme qu'une mémoire exercée. On ne
commettait donc pas la faute de le tenir sans cesse
courbé sur les livres, au grand préjudice de sa santé.
Ses maîtres exigeaient qu'il fît de longues marches,
qu'il s'habituât à courir, à sauter des fossés, à franchir
les rivières à la nage. Son corps prenait ainsi de la force
et de l'agilité : à seize ans, Bayard avait déjà la vigueur
d'un homme fait.

Il se rendit alors à la cour du jeune roi Charles VIII
et l'accompagna dans son aventureuse expédition d'Italie (1494.) Après avoir conquis le royaume de Naples,
les Français, menacés par une coalition formidable,
durent battre en retraite au plus vite, et courir à la
défense du royaume. Mais nos ennemis, l'empereur
d'Allemagne Maximilien, le roi d'Espagne Ferdinand
le Catholique, le duc de Milan, etc., avaient rassemblé
une armée qui voulut nous barrer la route. Une grande
bataille s'engagea à *Fornoue* le 6 juillet 1495. Dix mille
Français écrasèrent quarante mille Allemands, Espagnols ou Italiens, après plusieurs heures d'un combat
acharné. C'est à cette sanglante affaire que Bayard fit
ses premières armes. Il se jeta au milieu de la mêlée
avec une telle intrépidité, qu'il eut deux chevaux tués
successivement sous lui, ce qui ne l'empêcha pas de
prendre un drapeau ennemi.

Sous le successeur de Charles VIII, Louis XII, les
guerres d'Italie continuèrent. Nous nous emparâmes
pour la seconde fois du royaume de Naples. Pendant
que nous l'occupions, Bayard se signala par plusieurs
exploits.

Il avait fait prisonnier un illustre chevalier espagnol,
Alfonso de Soto-Mayor, et l'avait laissé libre sur parole,
en attendant qu'il eût payé sa rançon.

Celui-ci en profita pour s'enfuir un beau matin.
Bayard, qui était très vigilant, s'aperçut bientôt de la
disparition de son prisonnier et lança des cavaliers à sa
poursuite. L'Espagnol, rejoint par les nôtres, fut mis
au cachot jusqu'au moment où il eut payé sa rançon

de mille écus, que Bayard distribua aux soldats sans en

Bayard

rien garder pour lui-même. Soto-Mayor, à peine libre,
se plaignit d'avoir été traité d'une façon brutale et

discourtoise. Bayard, ayant eu connaissance de ces reproches injustes, lui écrivit une lettre dans laquelle il le sommait de se rétracter : « *Sinon je vous déclare que je suis résolu à vous arracher cet aveu par combat de votre personne à la mienne, soit mortel à pied ou à cheval, ainsi que vous plairont les armes et adieu.* » Soto-Mayor répondit qu'il ne retirait jamais une parole dite et qu'il acceptait le combat. Comme il savait que Bayard était à ce moment affaibli par la fièvre, il exigea que le duel eût lieu à pied, avec l'épée et le poignard. Le Chevalier sans peur accepta ces conditions, bien qu'il eût préféré combattre à cheval.

Au jour et à l'heure dits, les deux adversaires se rencontrèrent au lieu convenu. Bayard, vêtu de blanc par modestie, commença par faire sa prière à genoux, puis il baisa la terre et se releva en faisant le signe de la croix. Après quoi il marcha contre son ennemi, avec la même tranquillité que s'il fût allé à quelque partie de plaisir. Le combat s'engage. Dès les premiers coups l'Espagnol est blessé au visage. Voulant profiter de sa grande force physique, il cherche à enlacer Bayard, qu'il sait affaibli par la maladie. Mais celui-ci évite cette étreinte avec beaucoup d'adresse, et le sang de Soto-Mayor coule bientôt par une nouvelle blessure. Bayard aussitôt se jette sur lui à corps perdu. Les deux adversaires roulent à terre; mais le Français se dégage prestement, et de sa main gauche, armée du poignard, il frappe un nouveau coup plus terrible que les autres. La lame entre sous l'œil gauche de Soto-Mayor et pénètre jusqu'au cerveau. « *Rendez-vous*, crie alors Bayard, *ou vous êtes mort.* » L'Espagnol n'eut garde de répondre : il avait été tué raide. Le bon chevalier témoigna un vif regret de n'avoir pas pu vaincre son adversaire sans le tuer.

Quelque temps après, Bayard sauva l'armée en défendant seul un pont qui eût permis aux Espagnols de nous envelopper s'ils avaient pu le franchir. Semblable *à un lion furieux*, il se précipita sur les premiers enne-

Bayard défendant seul un pont.

mis qui se présentèrent, avec une impétuosité telle, que ceux-ci reculèrent. Bayard ramena aussitôt son cheval à l'autre bout du pont, et quand les Espagnols revinrent, il se jeta de nouveau sur eux avec un élan irrésistible. Trois ou quatre fois il recommença la même manœuvre, tuant ou renversant tout ce qu'il rencontrait. Enfin des secours arrivèrent et l'ennemi recula : un seul homme avait tenu tête à plus de cent combattants. Bayard, à partir de ce jour, fut partout regardé comme la fleur de la chevalerie française.

Sous le règne de François Ier, il eut encore l'occasion de se signaler. En 1521, la guerre ayant éclaté entre le roi de France et l'empereur d'Allemagne Charles-Quint, l'ennemi vint assiéger Mézières. On voulait d'abord brûler la ville, parce qu'on ne la jugeait pas en état de se défendre. « *Il n'y a pas de place faible*, dit Bayard, *là où se trouvent des gens de cœur !* » Il se jeta dans la ville. Sommé de capituler : « *Il me faut un pont pour sortir*, répondit le chevalier sans peur, *et les corps de vos soldats n'ont pas encore comblé le fossé !* » En deux jours l'ennemi lança dans la place cinq mille boulets. Quelques-uns de nos soldats s'enfuirent. « *Tant mieux*, dit Bayard, *pareille canaille n'était pas digne d'acquérir de l'honneur avec nous !* » Mézières fut sauvé : Bayard avait épargné à la France une invasion.

La mort du Chevalier sans peur et sans reproche ne fut pas moins héroïque que sa vie. En 1523, le connétable de Bourbon, un des plus grands seigneurs de France, trahit François Ier, contre lequel il avait des griefs, et passa au service de Charles-Quint. L'année suivante, il chassa une armée française du Milanais. Bayard protégeait la retraite de nos soldats quand une balle de mousquet l'atteignit et le blessa grièvement. Se sentant frappé à mort, le héros se fit étendre au pied d'un arbre, le visage tourné vers l'ennemi. Comme il priait, les yeux fixés sur la poignée en croix de son épée, le connétable de Bourbon passa devant lui. Le traître s'arrête à la vue du guerrier mourant, s'approche et prononce quelques

Mort de Bayard.

paroles pour exprimer la douleur qu'il éprouve à le voir

en cet état. « *Monseigneur*, lui répondit Bayard, *il n'est point besoin que vous ayez pitié de moi, car je meurs en homme de bien; mais j'ai pitié de vous, qui servez contre votre roi, contre votre patrie et contre votre serment!*

D'ASSAS (1760).

Le nom du chevalier *d'Assas* rappelle un des plus beaux actes de dévouement qui aient jamais été accompli dans une armée française.

C'était en 1760, au plus fort de la guerre entreprise par le gouvernement du roi Louis XV contre le roi de Prusse Frédéric II. Dans la nuit du 15 au 16 octobre, d'Assas, capitaine au régiment d'Auvergne (on donnait alors aux régiments des noms de provinces au lieu de numéros), commandait une grand'garde en pays ennemi. A la première clarté de l'aube, d'Assas, officier très vigilant, voulut aller inspecter les postes qu'il avait disposés la veille et s'assurer que les sentinelles faisaient bien leur devoir. A peine a-t-il fait quelques pas, qu'il tombe au milieu d'une colonne ennemie qui s'avançait sans bruit, dans l'espoir de surprendre les Français et de les écraser. D'Assas est entouré, menacé de mort s'il pousse le moindre cri afin de prévenir les nôtres : vingt baïonnettes se croisent sur sa poitrine. Il se recueille un moment pour mieux renforcer sa voix et crie : « *A moi, Auvergne, voilà les ennemis.* » Le brave officier avait à peine achevé ces mots, qu'il tombait percé de coups : mais l'armée était sauvée.

La statue de d'Assas s'élève sur une des places de sa ville natale. Cet hommage ne suffit pas : gravons dans nos cœurs, assez profondément pour qu'il n'en sorte jamais, le nom de ce martyr du patriotisme!

A moi, Auvergne, voilà les ennemis.

BEAUREPAIRE (1792).

Au mois d'août 1792, la situation de la France était
des plus graves. Les principales puissances de l'Europe
avaient formé une coalition formidable dont le but
était d'étouffer la Révolution et de rendre au roi
Louis XVI toutes les prérogatives qu'il avait perdues.
Cent soixante mille Allemands, partis de Coblentz le
10 juillet, avait franchi la frontière, divisés en plusieurs
corps. La France ne pouvait leur opposer que quatre-
vingt-dix mille hommes sans discipline et sans confiance
en eux-mêmes, ni en leurs chefs. Si l'ennemi avait fait
preuve de quelque habileté ou même seulement d'un
peu de décision, Paris était perdu. Heureusement les
alliés perdirent beaucoup de temps, ce qui permit à
Dumouriez, qui commandait notre armée, d'aguerrir
ses troupes et d'occuper de bonnes positions. Le 2 septembre, la ville de Verdun tomba au pouvoir des Prussiens. Le commandant de la place se nommait *Beaurepaire*. Il voulait se défendre jusqu'à la dernière
extrémité avec les quelques soldats qui composaient la
garnison; mais la population civile, effrayée de la
menace d'un bombardement, proteste contre cette généreuse résolution. Le conseil municipal s'assemble et
vient déclarer au commandant que la population refuse
tout concours à l'armée. Cette inqualifiable lâcheté
rendait la résistance impossible. Beaurepaire alors
s'écrie : *J'ai juré de sauver la place ou de périr, je
tiendrai mon serment !* » Et, tirant un pistolet de sa
ceinture, il se fit sauter la cervelle dans la salle même
du conseil.

Un soldat ne voulut pas non plus accepter la honte
d'une capitulation. A l'approche des Prussiens qui
entrent, musique en tête, pour prendre possession de
la ville, il déchargea sur eux son fusil. Saisi aussitôt,
il fut laissé libre, quoique gardé à vue, en attendant que

le conseil de guerre aussitôt rassemblé eût décidé de son sort. C'était un beau jeune homme à l'attitude calme et fière, au regard assuré. Près du poste où on le gardait était un pont sur la Meuse; il gravit le parapet, reste un instant immobile, puis se laisse tomber dans le gouffre, qui l'engloutit. L'histoire n'a malheureusement pas conservé le nom de ce héros. Jeunes gens qui lirez ces pages, gravez profondément dans votre mémoire le souvenir de ces deux actes sublimes ! Le sacrifice de Beaurepaire et de l'humble soldat dont je viens de vous conter l'histoire ne doit pas être stérile. Il mérite de rester pour nous une haute leçon de patriotisme.

KLÉBER (1753-1801).

Ce grand homme de guerre, qui fut avec *Hoche* et *Marceau* une des gloires de la France pendant la Révolution, naquit à Strasbourg en 1754. Quand notre pays fut menacé par une formidable coalition des souverains de l'Europe, unis pour combattre la Révolution, *Kléber* s'engagea dans un bataillon de volontaires (1792) et s'éleva rapidement aux premiers grades.

Il était déjà colonel, lorsque la grande ville de *Mayence* sur le Rhin, qui avait embrassé avec ardeur les idées de la Révolution et s'était donnée à la France, fut investie par une nombreuse armée prussienne. Kléber se jeta dans la place avec le brave *Merlin de Thionville*, commissaire de la *Convention*, et se distingua tellement dès les premiers jours du siège, qu'il fut nommé général. La défense de Mayence, dirigée par ces deux hommes héroïques, est une des plus belles pages de notre histoire militaire. La garnison française fit des prodiges Après un bombardement qui avait duré plus

d'un mois, et détruit la plus grande partie de la ville.
personne ne songeait à se rendre. La famine s'ajouta
alors aux souffrances qui accablaient les vaillants défen-

Kléber, d'après Gros.

seurs de la place. La viande de cheval manqua; il
fallut faire la chasse aux chiens, aux chats et aux rats.
Un jour, le général en chef offrant un repas à ses
officiers, leur fit servir, comme pièce principale, un

Mort de Kléber.

chat rôti flanqué de douze souris. Les soldats, à moitié morts de faim, repêchaient dans le courant du Rhin des cadavres de chevaux déjà rongés par la vermine, et dévoraient, sans se plaindre, cette nourriture infecte. C'est seulement quand on eut été réduit aux dernières extrémités de la misère et de la famine, que Kléber et Merlin se décidèrent à capituler. Et quelle capitulation ! La garnison française sortit de la place, musique en tête, drapeaux déployés, avec ses armes et deux canons. On a retenu de Merlin un mot qui peint bien l'indomptable énergie des hommes de ce temps. Quand il sortit de Mayence, en habit de hussard, avec sa longue barbe noire qui tombait sur sa poitrine, promenant autour de lui des regards non pas humiliés mais fiers et menaçants, le peuple se mit à murmurer. Merlin s'arrête aussitôt et engage la foule à respecter, en sa personne, le représentant de la France. « *Aussi bien*, dit-il d'une voix tonnante, *ce n'est pas la dernière fois que vous me voyez ici !* »

Cette belle défense de Mayence avait mis en lumière le nom de Kléber. Il fut chargé de porter le dernier coup à la redoutable insurrection qui avait éclaté dans l'ouest de la France à la nouvelle de l'exécution du roi Louis XVI. Cette campagne contre les *Vendéens* augmente encore la réputation de Kléber.

Il prit part ensuite à l'expédition que Bonaparte conduisit en *Égypte* et rendit d'éclatants services sous les ordres de ce grand général.

Malheureusement, il périt peu de temps après, assassiné par un fanatique musulman. Il léguait à la postérité, comme un exemple salutaire, le souvenir de son courage héroïque et d'un patriotisme qui ne se démentit jamais.

FIN.

TABLE DES MATIÈRES

CHAPITRE V. — Sciences et Inventions

CHAPITRE VI. — Voyages et Découvertes

CHAPITRE VII. — Guerres et Conquêtes

CHAPITRE VIII. — Patriotisme

TABLE DES GRAVURES

Coulommiers. — Imp. PAUL BRODARD. — PARIS.

9 782329 225692